Ida Lamp · Thomas Meurer
Abschied – Trauer – Neubeginn

W0075980

Die Abbildung zeigt eine Installation von Hiltrud Schäfer (geboren 1937) mit dem Titel „Vergänglichkeit und Zerfall" (270 x 500 x 1000 cm), handgeschöpfte Papiere aus Pflanzenfasern, gebleicht, gehärtet, Peddigrohr aufgenäht (entstanden 1990/91). Die Arbeit aus der Reihe „Zeitspuren" rührt aus eigenen Verlusterfahrungen der Künstlerin her.

Hiltrud Schäfer ist in vielen internationalen Ausstellungen präsent und lebt heute in Osnabrück.

Die Installation „Vergänglichkeit und Zerfall" läßt sich von zwei Seiten lesen. Von einer Seite des „Verfalls" her lehrt sie uns die Vergänglichkeit allen Lebens, aller Dinge; von „hinten" gelesen lehrt sie uns die Hoffnung auf die Wiederherstellung des Zerfallenen in neuer, strahlender Gestalt. Insofern finden sich in Hiltrud Schäfers Kunstwerk jene Stufen wieder, die diesem Buch den Titel geben: Abschied – Trauer – Neubeginn.

Ida Lamp · Thomas Meurer

Abschied – Trauer – Neubeginn

Erfahrungen mit Tod und Trauer
Begleitung auf dem Trauerweg

Mit einem Geleitwort von Klemens Richter

Verlag Butzon & Bercker Kevelaer
einhard verlag Aachen

Die Deutsche Bibliothek – CIP-Einheitsaufnahme

Lamp, Ida:
Abschied – Trauer – Neubeginn : Erfahrungen mit Tod und
Trauer; Begleitung auf dem Trauerweg / Ida Lamp; Thomas
Meurer. Mit einem Geleitw. von Klemens Richter. –
Kevelaer : Butzon und Bercker; Aachen : Einhard, 1997
  (Lebensspuren)
  ISBN 3-7666-0084-2 (Butzon und Bercker) Pp.
  ISBN 3-930701-27-8 (Einhard) Pp.

ISBN 3-7666-0084-2 Butzon & Bercker
ISBN 3-930701-27-8 einhard verlag

Umschlaggestaltung: Astrid Leson, Münster
Satz: Greiner & Reichel, Köln
Druck und Bindung: Memminger Zeitung, Memmingen

Geleitwort

Der Tod ist der Ernstfall des Glaubens, denn er stellt das Gottesbild und die Auffassung vom Menschen auf eine entscheidende Probe. Angesichts einer weitverbreiteten Mentalität, die den Tod tabuisiert und der Sinnfrage ausweicht, stellt der Umgang mit Toten und Trauernden einen Testfall für den Glauben der christlichen Gemeinde dar. Dies gilt für Liturgie und Seelsorge gleichermaßen. Beide stehen vor der Problematik, einerseits eine bewußte Hoffnungsbotschaft in einer Welt, die alle Hoffnung begraben sieht, verkünden zu wollen, andererseits aber der hilflosen Ohnmächtigkeit und bitteren Klage all derer gerecht zu werden, die angesichts der eigenen Vergänglichkeit und des Todes ihrer Angehörigen kaum noch einen Zugang zu dieser Botschaft zu finden imstande sind. Mehr und mehr wird in Seelsorge wie Liturgie eine wachsende Sprach- und Hilflosigkeit gegenüber den vielfältigen Todes- und Trauererfahrungen innerhalb der Gemeinden spürbar. Dabei stellen die liturgischen Feiern anläßlich des Todes weithin eben nur noch die einzige Heilssorge christlicher Gemeinden um die Trauernden dar, während der diakonale Aspekt, die über den Gottesdienst hinausgehende Zuwendung zu den Trauernden, oft ausfällt.

Bezeichnenderweise hat sich darum dieses zentrale Moment christlicher Existenz und Seelsorge – der ehemals zu den sogenannten „Sieben Werken der Barmherzigkeit" zählende Auftrag: Trauernde trösten! – in den letzten Jahren mehr und mehr aus dem Bereich der christlichen Gemeinde in den der psychologischen Beratung verlagert. So sind von seiten der sogenannten „Essener Trauertherapie" und ihrer Initiatoren (Jerneizig, Langenmayr, Schubert u. a.) in den letzten zehn Jahren entscheidende Impulse im Sinne einer „klientenzentrierten Trauertherapie" (so auch der Titel der begründenden Studie aus dem Jahre 1992) von gesprächstherapeutischer Seite angestoßen worden.

5

Bis auf wenige Ausnahmen (wie etwa der von Jerneizig und Schubert verfaßte Ratgeber für Trauernde unter dem Titel „Der letzte Abschied", Essen 1991) sind – trotz einer Fülle von einschlägigen Publikationen – diese Impulse im Rahmen der seelsorglichen Trauerbegleitung und -literatur bislang nur sehr zögerlich rezipiert worden. Immer noch berichten Trauernde von einer eher mangelhaften Begleitung ihres Trauerwegs durch ihre Seelsorger (die allerdings angesichts einer Vielzahl von Beerdigungen oft völlig überfordert sind). Sie vermissen eine einfühlsame, ihre eigenen Erfahrungen zur Sprache bringende Zusage, genauso aber auch Lektüre mit religiöser wie therapeutischer Hilfestellung.

Das vorliegende Buch zweier Theologen, die beide vielfältige Erfahrungen in der Beratung Trauernder mitbringen, versucht diesen Brückenschlag zwischen religiöser und psychologischer Beratung in der Auseinandersetzung mit Tod und Trauer im Blick auf eine breitere Leserschaft zu leisten.

Dabei gewinnt dieses Buch sein besonderes Profil vor allem daher, daß die Autoren die existentiellen Todes- und Trauererfahrungen als Ausgangspunkt wählen, die sich im Alten beziehungsweise Ersten Testament niedergeschlagen haben.

Auf diese Weise leisten sie nicht nur einen Beitrag zur Entdeckung des Ersten Testaments als „Eigenwort mit Eigenwert" (E. Zenger), sie machen zugleich auf die vielfältigen Schätze aufmerksam, die sich aus diesem großen Buch von Gott und dem Leben wie Sterben der Menschen immer wieder neu heben lassen.

So soll das vorliegende Trostbuch ein hilfreicher Ratgeber für alle sein, die sich mit Tod und Trauer auseinandersetzen wollen beziehungsweise müssen, und eine anregende Hilfestellung für jene, die die Auseinandersetzung anderer mit diesen Themen begleiten.

Münster, im Januar 1997

Klemens Richter

6

Inhalt

All denen zugedacht,
die wir in ihrer Trauer begleiten durften,
und
dem Andenken der Menschen,
die in unserer Erinnerung weiterleben

Liebe Leserin, lieber Leser,

irgend jemand hat einmal gesagt, Bücher seien eigentlich nichts anderes als umfänglichere Briefe an eine Freundin, einen Freund.

Wir wissen nicht, in welcher Lebenssituation Sie diesen Brief öffnen. Ob Sie gegenwärtig um einen lieben Menschen trauern oder Trauernde begleiten, ob Sie sich mit dem Thema „Tod" selber auseinandersetzen oder mit anderen darüber ins Gespräch kommen wollen – uns geht es jedenfalls darum, Sie wie eine gute Bekannte, wie einen Freund anzusprechen. Deshalb haben wir in unseren Beiträgen auch durchgängig die „Ich-Form" gewählt, obwohl natürlich jeder von uns beiden sehr unterschiedliche Erfahrungen mit Tod und Trauer gemacht hat, die wir für dieses Buch zunächst durch lange Gespräche und dann durch gegenseitig ergänzendes Schreiben miteinander ausgetauscht und verbunden haben.

Wir hoffen, daß Sie sich in unseren Beiträgen wiederfinden, daß Sie Anregungen bekommen, sich mit Ihrer Trauer auseinanderzusetzen, und sich eigene Formen der Bewältigung erarbeiten können. Sie brauchen sich dabei nicht an das vorgeschlagene Inhaltskonzept zu halten – dieses Buch möchte Sie zum Stöbern einladen.

Wir wissen, daß Rat und Trost oft genug bleiben, was sie sind – ein Versuch. Wir glauben aber dennoch, daß der ins Wort gebrachte Umgang mit Vergänglichkeit, Tod und Trauer *ein* Weg ist, Sie zu begleiten.

Augustinus hat einmal, nach dem Tod seines besten Freundes, gesagt: „Ich war mir selbst zu einer einzigen großen Frage geworden." Daß unser Buch Ihnen zumindest einige Antworten zu erschließen vermag, wünschen Ihnen

Ida Lamp   Thomas Meurer

Düsseldorf und Münster, im Februar 1997

10

Seit ich weiß, daß ich gehe ...

Erfahrungen mit Vergänglichkeit

Die Bücher sind in Kisten verpackt, die Bilder abgehängt, die Möbel stehen zum Abtransport bereit: Umzugstag. „Soll das auch mit?" fragt der Möbelpacker. Ich nicke, obwohl ich noch gar nicht weiß, ob sich in der neuen Wohnung ein Platz dafür finden wird – wer trennt sich schon gern von den Dingen, die ihm im Laufe der Jahre ans Herz gewachsen sind? Schwer genug, die Menschen zurücklassen zu müssen: die freundliche Bäckersfrau und den beredsamen Frisör, das nette Ehepaar von gegenüber und den hilfsbereiten, handwerklich begabten Nachbarn.

„Nein", habe ich in den letzten Tagen vor dem Umzug oft gesagt, „dann werde ich leider nicht mehr hier wohnen."

Jeder Umzug, jeder Abschied „ist ein bißchen wie Sterben" (so hat Katja Ebstein in den siebziger Jahren gesungen).

„Wir haben hier keine bleibende Stätte" – diesen verstaubten Satz aus dem Hebräerbrief (13, 14) habe ich zwischen Umzugskisten neu buchstabieren gelernt.

Ich habe begriffen: Alle Abschiede sind dazu da, mich den großen Abschied zu lehren, mich fürs Sterben einzuüben. Das gilt für den Umzug und andere eher alltägliche Erfahrungen von Abschied ebenso wie für die existentielleren Abschiede des Lebens wie Trennung von einem Partner, Pensionierung, Loslassen-Müssen der Kinder und Abschied von Lebensperspektiven.

Wilhelm Bruners beschreibt in seinem Gedicht „Abschied", wie diese Lehre aussehen kann: „Seit ich weiß, daß ich gehe / trinke ich langsamer / kaue das Brot zwölfmal ..."

Das Wissen darum, daß wir „gehen müssen", daß wir Abschied nehmen müssen, könnte uns intensiver leben lassen: langsamer kauen, den Schritt bewußter setzen, nichts auf das unsichere Morgen verschieben, heute leben.

11

Leider übersehen wir diese Lehre der vielfältigen Abschiede im Alltag allzu schnell, verdrängen, was sie mit dem Tod – dem eigenen wie dem lieber Menschen – zu tun haben.

Dabei könnten uns die kleinen Abschiede in unserem Leben den einen großen Abschied vertraut(er) machen. Andererseits könnte uns der bevorstehende endgültige Abgang von der Bühne des Lebens zum Lehrmeister des Lebens werden. Menschen, die sterbenskrank sind, beschreiben diese Erfahrung so: „Ich lebe viel bewußter, seit ich weiß, daß ich nicht mehr lange zu leben habe."

Maxi Wander beispielsweise bringt eine solche Erfahrung nach ihrer Krebsoperation für sich in der Sammlung ihrer Tagebuchaufzeichnungen und Briefe unter dem Titel „Leben wär' eine prima Alternative" folgendermaßen auf den Punkt:

Wie bewußt ich auf einmal das Leben liebe [...] Ich darf ein paar Tage Leben probieren! Jeden Tropfen Leben werde ich auskosten [...] Ich möchte Dir von den ganz kleinen Dingen erzählen, als wären es Sensationen: bei Tisch sitzen, Mozart hören und mit Fred eine Tasse Kaffee trinken, weißt Du, was ich meine? [...] Das wirkliche Leben, sagt mir eine Stimme, das ist jetzt und jetzt, nimm es in Empfang, wie es sich darbietet, auch mit Schmerzen, mit Angst und gleichzeitig mit allen Entzückungen, die man sich nur denken kann!

Freilich wünsche ich mir nicht, erst krank werden zu müssen, um bewußter leben zu können. Der unausweichliche Tod bedroht ja auch nicht nur Sterbenskranke, er gehört zu jedem Menschen, zu jedem von uns. Die (alltägliche) Erinnerung an das Lebensende kann uns Intensität und Ernsthaftigkeit für heute, für jetzt gewinnen lassen.

Vergänglichkeit und Sterblichkeit werden in vielen Facetten erlebt. Menschen aller Zeiten beschreiben, wie sie uns plötzlich und unmittelbar bedrängen können.

Der biblische Schriftsteller Kohelet hat diese Erfahrung so gefaßt (Koh 3):

(19) Denn jeder Mensch unterliegt dem Geschick, und auch die Tiere unterliegen dem Geschick. Sie haben ein und dasselbe Geschick. Wie diese sterben, so sterben jene. Beide haben ein und denselben Atem. Einen Vorteil des Menschen gegenüber dem Tier gibt es da nicht. Beide sind Windhauch.
(20) Beide gehen an ein und denselben Ort. Beide sind aus Staub entstanden, beide kehren zum Staub zurück.
(21) Wer weiß, ob das Leben der einzelnen Menschen wirklich nach oben steigt, während das Leben der Tiere ins Erdreich hinabsinkt?
(22) So habe ich eingesehen: Es gibt kein Glück, es sei denn, der Mensch kann durch sein Tun Freude gewinnen. Das ist sein Anteil. Wer könnte es ihm ermöglichen, etwas zu genießen, das erst nach ihm sein wird?

Kohelet drückt aus, daß der Tod zum Leben gehört: Der Mensch muß sterben wie das Tier. (Bertolt Brecht schlägt seinen Mitmenschen diese Wahrheit noch drastischer um die Ohren: „Ihr sterbt mit allen Tieren / und es kommt nichts nachher.")
Aber daraus folgt nicht Depression und Lebensschmerz. Kohelet fordert vielmehr, daß aus dem Innewerden des eigenen Todes das Leben zu feiern möglich wird: das reale Leben, das Leben hier und heute – immer mit der bekannten Perspektive vor Augen: Heute ist morgen schon gestern.
Eigentlich müßte uns die Gewißheit, daß wir gehen müssen – ohne Recht auf Wiederkehr und Aufenthalt –, bewußter leben lassen. Wir jedoch schieben den Gedanken an den Tod, unseren eigenen wie den lieber Menschen, zur Seite. Wir sind dabei oft wie Kinder, die meinen, wenn sie die Augen schließen, könne man sie nicht mehr sehen.
In bestimmten Lebensphasen scheint der Tod weit weg. Wir erobern unsere Welt jeden Tag neu, wir fangen immer wieder Neues an, alle Möglichkeiten liegen vor uns. Wir lernen die ersten Schritte und Worte, wir spielen, wir gehen zur Schule, verlieben uns, wir beginnen eine Berufsausbildung … Aber andere, dunkle Lebenserfahrungen entreißen uns jäh diesem Gefühl der Unbefangenheit und Sicherheit des

Lebens, das normalerweise eine Kindheit und Jugend begleitet: der Unfall eines Freundes im selben Alter, der Tod eines Elternteils, eine lebensbedrohliche Krankheit. Plötzlich spüren wir, daß das Leben nicht selbstverständlich ist, daß es gefährdet, vom Tod bedroht ist: „... ein Hauch nur ist jeder Mensch" (Ps 39, 12).

Zu bestimmten Jahreszeiten neigen wir dazu, dieser Aussage intensiver nachzuspüren – und manchmal vor den sie begleitenden Fragen in wärmere, sonnigere Gefilde zu entfliehen. Der Herbst bringt solche Gedanken: Die Blätter fallen – und auch ich werde sterben. Und es sind nicht nur die Schwermütigen unter uns, die solche Gedanken kennen. Solange es Menschen gibt, wird es diese Gedanken wohl geben.

Wir erleben, weil wir Menschen sind, Momente, in denen uns das Leben zutiefst fragwürdig erscheint. Das sind vor allem Augenblicke, in denen wir an Grenzen stoßen: an die Grenzen unseres Könnens, unserer Leistungsfähigkeit, unseres Ertragens.

Am stärksten trifft uns diese Erschütterung im Angesicht des Todes. All unser medizinisch-technisches Know-how kann die Todesgrenze bestenfalls hinaussetzen. An sie stoßen – und sie überschreiten – müssen wir trotzdem.

Urmenschlich ist daher die Klage über die Grunderfahrung unserer Vergänglichkeit. Das Leben des Menschen – auch wenn es noch so lange dauert – währt, wenn wir an unser Ende denken und an all das, was uns noch zu tun bliebe, bloß eine kurze Zeit.

Angesichts der dahinfliegenden Jahre empfindet der Dichter des 90. Psalms nicht nur die schmerzliche Begrenztheit der Lebenszeit, sondern auch die Schwächen und Unzulänglichkeiten seines Lebens. Er spürt, wie stark die Mühsalseite auf der Waagschale des Lebens überwiegt, so daß Leben manches Mal als Zumutung und Last empfunden wird (Ps 90):

(10) Unser Leben währt siebzig Jahre, und wenn es hoch kommt, sind es achtzig.

14

Das Beste daran ist nur Mühsal und Beschwer, rasch geht es vorbei, wir fliegen dahin.

Ein anderer beklagt, daß der Mensch, weil er sterblich ist, dem Vergessen anheimfällt (Ps 103):

(15) Des Menschen Tage sind wie Gras, er blüht wie die Blume des Feldes.
(16) Fährt der Wind darüber, ist sie dahin; der Ort, wo sie stand, weiß von ihr nichts mehr.

Obgleich wir Menschen anders als die Blume viel dafür tun, nicht vergessen zu werden – wir zeugen Kinder, manche schaffen Musikwerke, schreiben Bücher und malen Bilder, wir setzen Grabsteine, geben Totenbildchen aus, die an Verstorbene erinnern sollen, und begehen Gedächtnisfeiern –, der Ort, an dem wir standen, weiß recht bald von uns nichts mehr, auch wenn wir noch so berühmte Persönlichkeiten gewesen sein sollten. Irgendwann sterben auch unsere Kinder, vergehen unsere Bücher und Bilder, erinnert sich niemand mehr an unsere Musik, denn selbst „konserviertes" Gedenken ist nicht ewig und unvergänglich.
Grausam wirkt der Gedanke, daß alles so sein könnte, als sei ich nie dagewesen, als sei alles, was ich getan, erfahren, erlebt, ersehnt, erlitten, geliebt habe, mit meinem Tod dem Nichts preisgegeben.
Simone de Beauvoir schreibt im dritten Band ihrer Memoiren:

Voller Melancholie denke ich an all die Bücher, die ich gelesen, an all die Orte, die ich besucht habe, an das Wissen, das sich angehäuft hat und das nicht mehr da sein wird. [...] Wenn man meine Bücher liest, wird der Leser bestenfalls denken: Sie hat aber viel gesehen! Aber dieses einzigartige Ganze, meine persönlichen Erfahrungen mit ihrer Folgerichtigkeit und ihren Zufällen – das alles wird niemals wieder auferstehen [...] Nichts wird stattgefunden haben.

Die von Simone de Beauvoir in ihrer Autobiographie einge-
fangene Erfahrung ist so alt wie die Menschheit. Hören wir
noch einmal einen der Psalmen; dessen Dichter kennt die-
selbe brennende Bedrängnis der Sterblichkeit. Allerdings
soll gerade sie ihn lehren, sein Leben ganz ernst zu nehmen.
Er sucht und weiß in Gott ein Gegenüber für seinen inneren
Kampf, eine Hoffnung für sein Leben. Er schreibt (Ps 39):

*(5) Herr, tu mir mein Ende kund und die Zahl meiner Tage! Laß
mich erkennen, wie sehr ich vergänglich bin!*
*(6) Du machtest meine Tage nur eine Spanne lang, meine Lebens-
zeit ist vor dir wie ein Nichts. Ein Hauch nur ist jeder Mensch.*
*(7) Nur wie ein Schatten geht der Mensch einher, um ein Nichts
macht er Lärm. Er rafft zusammen und weiß nicht, wer es ein-
heimst.*
*(8) Und nun, Herr, worauf soll ich hoffen? Auf dich allein will ich
harren.*

(Die ganze Dramatik dieses Textes kommt erst in Johannes
Brahms' eindrucksvoller Komposition „Ein Deutsches Requiem" Op. 45 zum Ausdruck.)
Vergänglichkeit – die Grundfrage bleibt, ob sie wie eine dunkle Wolke über allem lasten und unser Leben vergiften muß.
Andreas Gryphius, der große Dichter der Barockzeit, beispielsweise hat das ganz anders gesehen. Er hat viele Todeserfahrungen machen müssen, in der kleinen Welt der eigenen Familie wie in der großen des Dreißigjährigen Krieges.
Gerade in seinen populärsten Gedichten überschlagen sich
daher wohl die Vergänglichkeitsbilder:

Was sind wir Menschen doch!
Ein Wohnhaus grimmer Schmerzen,
Ein Ball des falschen Glücks,
ein Irrlicht dieser Zeit …

heißt es in seinem Sonett „Menschliches Elende" – und weiter:

16

So muß auch unser Nam,
  Lob, Ehr und Ruhm verschwinden.
Was itzund Atem holt,
  muß mit der Luft entfliehn,
Was nach uns kommen wird,
  wird uns ins Grab nachziehn.
Was sag ich? Wir vergehn,
  wie Rauch von starken Winden.

Die Forschung hat diesem Dichter daher eine Lust am Tod und am Leiden unterstellt. Aber wo Gryphius ein grausames Szenario der Vergänglichkeit entwirft, will er letztlich zur Entscheidung aufrufen für die in mir selbst anbrechende Ewigkeit:

Mein sind die Jahre nicht,
  die mir die Zeit genommen.
Mein sind die Jahre nicht,
  die etwa möchten kommen.
Der Augenblick ist mein,
  und nehm ich den in acht,
So ist der mein,
  der Jahr und Ewigkeit gemacht.

Das ist Gryphius' Programm: den Augenblick so leben, als wäre es die letzte aller möglichen Gelegenheiten. Sich nicht vertrösten lassen auf eine spätere Herrlichkeit, sondern die Ewigkeit im Augenblick ergreifen und in ihr den Ewigen als „mein" begreifen.

Was uns also bei Gryphius als dunkelste Lebenswahrnehmung erscheint, das ist letztlich nur der Versuch, radikal zu verdeutlichen, daß es auf den Augenblick, auf das Hier und Jetzt ankommt.

Letztendlich ist es doch so, daß ein unendlich gedachtes Leben unerträglich wäre, ja, daß wir den Tod erfinden müßten, wenn es ihn nicht gäbe. „Des Menschen Engel ist die Zeit" (Friedrich Schiller), denn sie sagt an, daß auch trübe und dunkle Stunden vergehen.

17

So sind wir ausgespannt zwischen Vergänglichkeit, die Ernsthaftigkeit und Einmaligkeit stiftet, und Vergänglichkeit, die alle Erfahrungen nichtig macht. In dieser Spannung gilt es, Leben zu meistern. Dem dürften religiöse wie nichtreligiöse Menschen zustimmen können. Denn gemeinsam ist Gläubigen wie Nichtgläubigen: Wir müssen die Mitte finden zwischen Todesvergessenheit und gedanklicher Todesbezogenheit, um bewußt leben zu können. In unserem Leben gibt es keine Wiederholungen. So kann uns der Tod lehren, daß alles eine Grenze hat, die uns gesetzt ist und vor der uns kein Protest nutzen wird. Vielleicht fordert uns diese Grenze heraus, *heute* intensiver, bewußter zu leben.

In Hallstatt (Österreich) konfrontierten sich die Menschen noch bis in den Anfang unseres Jahrhunderts hinein auf eigentümliche Weise mit der Wirklichkeit des Todes. Da der Friedhof dieser bald viertausend Jahre alten Stadt am Hallstätter See nur begrenzten Platz bot, waren die Bewohner schon im 18. Jahrhundert gezwungen, ihre Grabstätten mehrfach zu belegen. Zwar gibt es auf vielen österreichischen Friedhöfen ein Beinhaus, in Hallstatt aber bekam dieses eine ganz besondere Bedeutung: Nach zehn bis fünfzehn Jahren öffneten die Hallstätter die Gräber ihrer Verstorbenen und übertrugen die Gebeine in ihr Beinhaus. Den Schädel jedoch ließen sie zunächst auf dem Dachgesims des Totengräbers ausbleichen, um ihn hernach mit kunstvoller Blumenornamentik, mit dem Namen oder auch nur den Initialen des Verstorbenen zu bemalen. Nachdem der Schädelmaler sein Werk getan hatte, wurde der verzierte Totenschädel in einer Art zweiten Bestattung ins Beinhaus gebracht. Viele Lebende kannten den, den man da „aus dem Grab geholt hatte", noch.

„Das ist ja wohl makaber", werden Sie denken, und vielleicht: „Gut, daß das bei uns nicht so ist."

Auch ich könnte mir nur schwer vorstellen, daß die Gebeine meiner Toten nach zehn oder fünfzehn Jahren ausgegraben und in einem Beinhaus aufbewahrt werden. Für mich ist ein

18

Grab eher unantastbar, ein Stück letzten Menschenrechts über das Leben hinaus.

Solche Arten der Erinnerung an die eigene Vergänglichkeit wie die Schädelmalerei in Hallstatt sind uns heute fremd und abstoßend geworden. Die Ermahnung daran, daß die Toten wie wir waren und wir wie sie sein werden, bleibt jedoch auch für uns unverzichtbar, wenn unser Leben Tiefe bekommen soll.

Eine Frau, die zunächst ihren Mann und dann ihren Sohn verloren hatte, formulierte ihre Erfahrung mit dem Tod in einem Beratungsgespräch einmal so: „Seitdem ich den Tod erlebt habe, liegt eine Lupe über meinem Leben."

Plötzlich, mitten im Alltag, kann es mir so ergehen: Ich sitze in der Eisdiele, unterhalte mich mit einem Freund oder einer Freundin über Gott und die Welt und denke plötzlich: „Mensch, irgendwann wird das alles nicht mehr so sein" – und während die Gedanken weitergehen, merke ich, wie mich eine unendliche Traurigkeit darüber überkommt, daß wir immer nur Pilger sind, immer nur unterwegs, daß es auf dieser Erde niemals ein endgültiges Ankommen gibt, eine letzte Heimat, eine letzte Geborgenheit. Und ich denke daran, daß meine Eltern, mein Lebenspartner, meine Freundinnen und Freunde morgen vielleicht schon von mir getrennt werden können. Dann erst beginne ich zu ahnen, wie wichtig es ist, *heute* zu leben, dem heutigen Tag noch Sinn und Erfüllung zu geben, die Begegnungen noch auszukosten, als ob es die letzten wären.

Mein Großonkel beherrschte diese Kunst, „wie unter einer Lupe zu leben" – jeder Tag war ihm wichtig, jeder Augenblick. Ob es an dem vielleicht nie überwundenen Schmerz lag, daß sein einziger Sohn im Zweiten Weltkrieg gefallen war, oder an seiner ihm zutiefst innewohnenden echten Freude am Leben, weiß ich nicht. Ich weiß nur, daß er selbst im hohen Alter noch fähig war, „verrückte Dinge" zu tun. Selbst mit Achtzig kaufte er sich noch ein komplettes neues Wohnzimmer und ein „französisches" Bett und begegnete

19

dem Kopfschütteln seiner Verwandten und Freunde mit der Maxime: „Und wenn ich nur noch einen Tag etwas davon habe, hat sich diese Anschaffung gelohnt."

Dabei war er einer, der durchaus wußte, wie schnell der Tod an sein Lebenshaus klopfen konnte. „Nutz den Frühling deines Lebens", war sein ständig im Mund geführter Lieblingsspruch, „leb im Sommer nicht vergebens; denn bald kommt der Herbst, und wenn der Winter kommt, dann sterbst." Ja, er verstand vielleicht viel mehr vom „Memento mori" (von der „Erinnerung an den eigenen Tod") als manche Trauerfachfrau und mancher Todesexperte.

Die letzten Jahre waren für ihn eigentlich eine Zeit fortwährender, ernster Krankheit. Und doch – vielleicht gerade deshalb – gelang es ihm, jeden seiner Tage zu zelebrieren. „Morgens esse ich immer zwei Toastbrote", konnte er mir mit strahlenden Augen immer und immer wieder erzählen. Und nach kurzem Zögern fügte er an: „Aber gut belegt!" Ein „Lesemeister" war er sicherlich nicht (zu Fernsehserien hatte er ein leidenschaftlicheres Verhältnis als zu Büchern), aber ein „Lebemeister" – wahrhaftig!

Als sich seine tödliche Krankheit zeigte, willigte er – nicht ohne Trauer und Klage freilich – in sein Schicksal ein, und ich glaube, daß er den Tod als das akzeptiert hat, was er ist: zum Leben gehörig. „Hunde, wollt ihr ewig leben?" fragte er oft hinter seinen dicken Brillengläsern hervor sich und seine Freunde – ich glaube, daß er wirklich so dachte und lebte, daß er das unabwendbare Ende allen menschlichen Lebens lange schon akzeptiert hatte.

Einen seiner letzten Wünsche – noch einmal nach Amerika zu kommen – hat er sich nicht mehr erfüllen können. Sein Aufenthalt dort, als er schon Ende Siebzig war, blieb sein letzter. Aber vielleicht war die Erfüllung dieses Wunsches auch gar nicht mehr so wichtig – er selber war ein Mann der unbegrenzten Möglichkeiten, so eng und begrenzt sein Leben im Alter auch gewesen sein mag.

Was ich von ihm erben möchte, hat man mich nach seinem

20

Tode gefragt. Eigentlich nur das eine, denke ich bis heute: das Leben so zu sehen, wie er es gesehen hat – so lebensbegeistert und so todesbewußt in einem. Und den Tod und das Leben so sehr mit Humor annehmen zu können – das möchte ich auch von ihm erben.

Auf manchem unserer Grabsteine aus dem vorigen Jahrhundert findet sich der ehrliche Wunsch: „Auf Wiedersehen!" Das mag uns nicht mehr entsprechen, aber es bezeichnet doch eine Sehnsucht, die wir alle in uns tragen. Meinen Großonkel, diesen so lebensfrohen und doch den Tod akzeptierenden Mann, möchte ich wirklich einmal wiedersehen.

Die Erinnerung an diesen – und andere liebe verstorbene – Menschen ist es auch, die mir das Bewußtsein an meinen eigenen Abschied von dieser Welt leichter werden läßt. Vielleicht ergeht es Ihnen auch so, daß Sie mit dem drohenden endgültigen Abtritt von der Lebensbühne besser zu leben vermögen, seit Ihnen ein Mensch, den Sie liebten und bewunderten, diesen Weg auf seine Art vorausgegangen ist.

„Seit ich weiß, daß ich gehe …" – ob es mir irgendwann gelingen wird, diesen Satz ohne Wehmut nachzusprechen, weil ich zu ahnen beginne, wohin ich unterwegs bin?

QUENZEL
MARTIN
* 19.2.1965
† 19.9.1993

Lebensfluß

Ich komme aus Wasser und Staub
und suchte Liebe und Glück
von Morgen zu Morgen zu Morgen

Ich bin ein Erdling
und wollte den Himmel stürmen
mit meiner Lebenskraft
und Leidenschaft

Wenn das Leben sich neigt,
dann unfreiwillig,
dann nur vor des Himmels Macht

Und am Ende,
glaubt mir,
ein geschenkter Morgen,
fließe ich über von Leben

„Schnell wird dein Leben vom Leben gefressen"*

Das Leben selber bereitet uns auf den Tod vor,
und es versteht sein Geschäft.
Genug, wenn man ihm zuhört, es ansieht, ihm folgt.

In kleinen Schritten erklärt es uns den Tod oder in großen,
je nach den Tagen.
Manchmal ohne uns überhaupt wehzutun.
Andere Male renkt es uns aus vor Schmerz.
Manchmal unterstreicht es unsere alltäglichen kleinen Tode,
andere Male streckt es Tote vor uns hin,
die wir mehr lieben als uns selber.

Man lernt den Tod des Morgens,
wenn man sich kämmt
und die Haare unseren Kopf verlassen;
der Zahn, der uns lange wehtat, davongeht;
unsere Haut sich an den Augenwinkeln fältelt;
wenn man, Erinnerungsfetzen erzählend, sagen kann:
„Zehn Jahre sind es her oder zwanzig, dreißig...";
wenn man, alljährlich, mit Blumen kommt,
uns einen guten Geburtstag zu wünschen,
Blumen, die ein klein wenig nach Friedhof aussehn
und die das eine Jahr weniger vor unserem letzten feiern.

Der Tod, man lernt ihn bei der
Wiederbegegnung mit denen,
die uns unsere Kindheit aufbewahren
und für die wir noch immer die Kleinen sind:
Erinnerungen entgleiten, Unbeweglichkeit stellt sich ein;
Felder des Menschlichen werden vorweg vom Tod besetzt.
Bei jeder Rückkehr ins Land unserer Jugend
verkürzt sich die Liste der Lebenden, die man besucht,
und der Besuch bei den Gräbern wird länger.

Aus: Madeleine Delbrêl, Des Todes wirst du sterben, © Benziger Verlag AG,
Zürich 1974

* Anfangszeilen eines Gedichts von Rose Ausländer; in: Rose Ausländer,
Der Traum hat offene Augen, Frankfurt 1987, S. 10.

Sie haben diesen Text gelesen. In welchen Erfahrungen finden Sie sich wieder? Was haben Sie anders erlebt?
Notieren Sie Ihre Erfahrungen, Gedanken, Gefühle, Befürchtungen, Situationen auf Karten.

Wenn Sie mit anderen darüber ins Gespräch kommen wollen, könnten Sie so verfahren: Schreiben Sie auf ein großes Plakat einen Satz, der diesen Text beziehungsweise das Thema aufgreift, zum Beispiel: „Der Tod, man lernt ihn, wenn ...", „Der Tod weint in mir, wenn ..." oder: „Mitten im Leben spüre ich, daß ich vom Tod umfangen bin, wenn ..."
Alle können dann außen herum ihre Fortsetzungen des Satzes aufschreiben. Vielleicht hilft Ihnen eine ruhige Musik, ein paar Minuten schweigend zu schreiben. (Für manche ist es vielleicht leichter, wenn jede/r einen Zettel mit einem oder mehreren Satzanfängen hat.)
Anschließend lesen Sie einander das Geschriebene noch einmal laut vor. Teilen Sie einander mit, wie es Ihnen ergangen, was Ihnen eingefallen ist.

Affirmationen gegen die Dunkelheit

Affirmationen sind positive Aussagen, die Sie negativen, herunterziehenden, lähmenden inneren Sätzen entgegenhalten. Um wirksam Ihr Unterbewußtsein zu beeinflussen, sollten diese Affirmationen folgendermaßen aussehen:
- Bilden Sie kurze, einfache Sätze,
- die eine klare Aussage enthalten.
- Formulieren Sie positiv,
- immer in der Gegenwart,
- das Ziel als eingetreten aussprechend.

Sprechen Sie Ihre Sätze mehrmals täglich laut zu sich selbst (anfangs hilft auch laut lesen!).
Es ist günstig, Zettel mit Ihren Sätzen an für Sie auffälligen Orten aufzuhängen (zum Beispiel am Kühl- oder Küchenschrank, im Bad am Spiegel, an der Schublade im Büroschrank). So stoßen Sie immer wieder einmal darauf! Sie könnten Ihren Satz auch auf eine Karte schreiben, die Sie im Portemonnaie oder in der Hosentasche immer dabeihaben.
Geben Sie Ihrer Affirmation eine Melodie; das Vor-sich-hin-Singen (oder auch Summen) prägt sie dem Unterbewußten ein.

Beispiele für Affirmationen:
- In mir ist es hell.
- Traurigkeit kommt und geht.
- Ich akzeptiere meine Gefühle.
- Ich ruhe in mir selbst.
- Ich vertraue dem Licht.
- Ich bin gelassen.

Plötzlich und unerwartet …

Erfahrungen mit dem Tod

Morgens, wenn ich die Tageszeitung lese, schlage ich immer zunächst die hinteren Seiten auf. Mein Blick geht über die fast zwei Seiten bedeckenden Todesanzeigen. Die meisten Menschen, deren Tod dort mitgeteilt wird, habe ich entweder gar nicht oder nur sehr flüchtig gekannt. Aber wer schon einmal einen Menschen verloren hat, liest solche Anzeigen mit größerer Aufmerksamkeit. So beginne ich, mir aus den Jahreszahlen das Alter der Toten zu errechnen, denke, daß viele der Verstorbenen ebenso alt sind wie dieser oder jene, die ich kenne. Manchmal stelle ich erschrocken fest, daß schon wieder jemand gestorben ist, der gerade einmal so alt war, wie ich es bin.

Dann merke ich, wie ich versuche, aus den Texten herauszulesen, was für ein Mensch das wohl gewesen sein mag, dessen Tod hier mitgeteilt wird. Und ab und zu beginne ich zu ahnen, in welcher Lage diejenigen sein müssen, die sprachlos und traurig zurückbleiben.

Manchmal springt mir unter all den Namen in den nahezu gleichgestalteten Todesanzeigen einer entgegen. „Den kennst du doch", überlege ich und überprüfe die Namen von Verstorbenen und Angehörigen mit meiner Erinnerung. „Dem bin ich letzte Woche noch beim Einkaufen begegnet", denke ich. Jemanden, mit dem ich kürzlich ein paar Worte wechselte, finde ich heute unter den Toten wieder: Kein freundlicher Blickkontakt mehr im Vorbeigehen, kein leichtes Plaudern über den Hund, kein wohlwollender Abschied bei einem kleinen Plausch auf der Straße. So wahnsinnig plötzlich kann der Tod sein – er macht ein zufälliges Sehen zur letzten Begegnung.

„Plötzlich und unerwartet" schlägt der Tod drein – viele Todesanzeigen zeugen davon. Er scheint manchmal selbst dort noch ganz und gar überraschend einzutreten, wo er sich schon lange Zeit angekündigt hat. Nicht jeder Mensch wird von einer Minute zur andern aus der Lebensmitte herausgerissen. Manch einer wird nach langer Krankheit, Pflegebedürftigkeit und ebenso langer Vorbereitung auf den Tod vom „Leben-Müssen" erlöst. Mit Verweigerung und Widerstand stirbt hier einer, während dort ein anderer mit bewundernswerter Ergebenheit – wie wir sagen: „gefaßt" – dahingeht.

Ein Arzt unserer Tage stellt fest: „Menschen, die leben konnten, [...] können auch sterben. Sie sind frei von dem Gefühl [...], ihr Leben nachholen zu müssen. [...] Menschen, die nicht gelebt haben, können auch nicht aufhören zu leben, stehen immer in der Angst, noch etwas tun zu müssen" (G. Ammon). Ob das stimmt?

Und ob der Mensch so stirbt, wie er gelebt hat?

Von Rabbi Bunam, einem jüdischen Gelehrten, wird erzählt, er habe seiner Frau, die darüber geweint habe, daß er im Sterben liege, gesagt: „Was weinst du? All mein Leben war ja nur dazu, daß ich sterben lerne."

Mir sind solche Menschen begegnet, junge und alte, die wußten, daß der Tod angeklopft hatte, und die mal kämpferisch, mal gelassen, manchmal über einen sehr langen Zeitraum Sterben lernten.

Vor allem bei Frau Sch. empfand ich, daß sich in ihrer letzten Lebensphase vollendete, woran sie in langen Jahrzehnten gearbeitet hatte: Sie wurde nicht ungeduldig mit sich selbst, nicht nörgelig und mürrisch mit den Pflegenden; scharfsichtig, wenn auch langsam, war sie in ihrem Denken, hellsichtig in ihren schlaflosen Nächten, dem Leben aufgeschlossen auch unter Schmerzen und täglich neuen Leiden, neugierig auf das, was ihr wohl nach ihrem Tod noch begegne ...

Ja, wie jemand sein Leben beendet, hängt tatsächlich nicht unmaßgeblich daran, wie er dieses Leben gelebt hat – und doch gibt es auch entgegengesetzte Erfahrungen: für die Angehörigen schmerzliche, kaum zu verkraftende Veränderungen der Persönlichkeit in der letzten Lebensphase eines

28

Menschen, bedingt durch die Krankheit selbst oder durch Medikamente …

Das Sterben entzieht sich unserem Planen und Machen: Ein todbringender Unfall oder der Sekundentod eines Herzinfarkts beendet ein Leben, das ganz bewußt und in Ruhe gelebt wurde. Ein langes und schmerzhaftes Sterbelager verändert am Ende ein Leben, das mehr oder weniger oberflächlich gelebt wurde.

Das ist das Schreckliche und das Geheimnisvolle des Todes zugleich: Er entzieht sich der Planbarkeit und dem Verstehen. Er bleibt ein Geheimnis – für den, der ihn erleidet, ebenso wie für den, der Zeuge dieses Erleidens wird.

Vielleicht gehört der Tod deshalb nach jüdischer Auffassung nur jedem Lebewesen allein und wird vor neugierigen Blicken verborgen gehalten. „Sollen die Toten darüber sprechen, wenn sie es tun wollen", fordert der jüdische Schriftsteller Elie Wiesel entschieden.

Wenn Menschen erleben, wie jemand stirbt, so rührt diese Erfahrung des unmittelbar ins Leben eingreifenden Todes wohl meist an das Fundament ihrer ganzen Existenz – erst recht dann, wenn sie diesem Menschen liebevoll verbunden sind. Ich werde die Menschen, die ich sterben gesehen habe, nicht vergessen. Und ein wenig empfinde ich sogar ein Schamgefühl, Zeuge dieses intimen Momentes gewesen zu sein. Auch das meint wohl die Dichterin Mascha Kaléko, wenn sie in einem ihrer Gedichte mahnt: „Bedenkt, den eignen Tod, den stirbt man nur, doch mit dem Tod der andern muß man leben."

Tatsächlich – man lebt anders, wenn man den Tod bei einem Mitmenschen am Werk gesehen hat.

Wer die Plötzlichkeit des Todes erfahren hat, wer Zeuge seiner Heftigkeit geworden ist, der verspürt wohl auch jene Erfahrung, die Joseph Roth einmal „die große Angst vor Gottes kleinem Finger" genannt hat, nämlich in jeder Stunde des Lebens der Gefahr des eigenen Todes und des Verlustes geliebter Menschen ausgesetzt zu sein. Von dieser zur nächsten

Minute kann mich der eigene Tod oder die „Hiobsbotschaft" vom Tod eines Angehörigen erreichen – nur wer sich dies bewußtmacht, begreift, wie schutzlos und zerbrechlich wir Menschen sind.

Das Alte Testament kennt viele Erzählungen, in denen Menschen Erfahrungen mit dem Tod machen, indem sie entweder selber sterben oder als Trauernde mit dem Tod ihrer Angehörigen umgehen müssen. Weil diese literarischen Gestalten wie ferne, durchaus auch kritisch anregende Spiegel für uns heutige Menschen sind, haben sie nichts von ihrer Aktualität und Bedeutung verloren.

So wird beispielsweise von Rahel erzählt, daß sie bei der Geburt ihres letzten Kindes schwer zu leiden hat. Die Amme, die zugegen ist, versucht sie damit zu trösten, daß sie einen Sohn gebiert. Dieser Trost ist jedoch nur schwach, weil das eigene Leben ja entflieht (wie es in der Schriftstelle im Buch Genesis 35, 18 heißt). So gibt die sterbende Rahel dem Kind den Namen Ben Oni, das heißt wörtlich: Sohn der Trauer.

Der Junge wird aber nicht mit dieser Namenslast aufwachsen: Der Vater benennt ihn in Benjamin (das heißt: Sohn der Freude) um. Daß die Umstände seiner Geburt sein Leben bestimmen, daß sein Lebensbeginn mit dem Tod der Mutter erkauft ist, das wird in der Bibel nur beiläufig thematisiert (etwa in der – später ausführlicher behandelten – Josefserzählung des Buches Genesis 37–50, im Konflikt Benjamins mit den Brüdern oder auch in der besonderen Qualität seiner Beziehung zu Josef). –

Eine gänzlich andere Erfahrung mit Tod und Trauer wird im zweiten Samuelbuch von König David erzählt. Er erhält die Nachricht, daß sein aufständischer Sohn Abschalom tot ist.

Alles deutete darauf hin, daß die Konflikte zwischen Vater und Sohn nur mehr kriegerisch zu lösen sein würden. Es war auch nicht das erste Mal, daß Abschalom versuchte, sich den Thron seines Vaters anzueignen. Dennoch hatte David seine Heerführer vor dem Abmarsch aufgefordert, seinen Sohn in jedem Fall zu schonen.

30

Abschalom passiert jedoch in den ostjordanischen Wäldern ein tragisches Mißgeschick: Als er mit seinem Maultier unter einem großen Baum herreitet, bleibt er mit seinen langen Haaren in dessen Zweigen hängen. Einer der Söldner sieht zwar die mißliche Lage des Königssohnes, traut sich aber nicht, ihm ans Leben zu gehen. Der wehrlos Baumelnde wird schließlich von den Waffenträgern des Heerführers Joab getötet und im Wald in einer Grube verscharrt.

Das Samuelbuch erzählt weiter, wie die Nachricht vom Sieg, aber auch vom Tod des Sohnes David überbracht wird. Die Siegesnachricht nimmt David gar nicht wahr. Ihn bringt der Tod des Sohnes völlig aus der Fassung: Nicht den Gegner, sondern den geliebten Jungen hat er verloren.

Mit seiner großen Trauer riskiert der König das Vertrauen seiner Anhängerschaft, die immerhin ihr Leben für ihn einsetzte und siegreich heimkehrte. Erst Joab gelingt es, den König wieder zu politischer Vernunft zu bringen und ihn zu bewegen, seine öffentliche Aufgabe zu erfüllen.

Das liest sich in der Bibel (2 Sam 19) so:

(1) Da [als er die Nachricht hörte] zuckte der König zusammen, stieg in den oberen Raum des Tores hinauf und weinte. Während er hinaufging, rief er (immer wieder): Mein Sohn Abschalom, mein Sohn, mein Sohn Abschalom! Wäre ich doch an deiner Stelle gestorben, Abschalom, mein Sohn, mein Sohn!

(2) Man meldete Joab: Der König weint und trauert um Abschalom.

(3) So wurde der Tag der Rettung für das ganze Volk zu einem Trauertag; denn die Leute hörten an diesem Tag: Der König ist voll Schmerz wegen seines Sohnes.

(4) Die Leute schlichen sich an jenem Tag in die Stadt, wie sich Leute davonschleichen, die Schande auf sich geladen haben, weil sie im Kampf geflohen sind.

(5) Der König aber hatte sein Gesicht verhüllt und rief laut: Mein Sohn Abschalom! Abschalom, mein Sohn, mein Sohn!

(6) Da ging Joab zum König ins Haus hinein und sagte: Du hast heute alle deine Diener offen beschimpft, die dir, deinen Söhnen und Töchtern, deinen Frauen und Nebenfrauen das Leben gerettet haben.

(7) Du zeigst ja denen deine Liebe, die dich hassen, und deinen Haß denen, die dich lieben; denn du gabst uns heute zu verstehen, daß dir die Anführer und die Krieger nichts bedeuten. Jetzt weiß ich, daß es in deinen Augen ganz richtig wäre, wenn Abschalom noch am Leben wäre, wir alle aber heute gestorben wären.
(8) Doch nun steh auf, geh hinaus, und sag deinen Leuten einige anerkennende Worte! Denn ich schwöre dir beim Herrn: Wenn du nicht (zu ihnen) hinausgehst, dann wird bis zur kommenden Nacht keiner mehr bei dir sein, und das wird für dich schlimmer sein als alles Unheil, das dir von deiner Jugend an bis jetzt zugestoßen ist.
(9) Da stand der König auf und setzte sich in das Tor. Und im Volk wurde bekannt: Der König sitzt im Tor. Da kamen alle Leute zum König.

Während ich heute oft eher den Eindruck gewinne, daß der Tod immer – selbst wenn jemand erst jenseits der hundert Lebensjahre stirbt – zu früh und ungebeten kommt, atmen die meisten Todesnotizen im Alten Testament eine größere Gelassenheit. Von den Erzvätern (Abraham, Isaak und Jakob) und zahlreichen anderen alttestamentlichen Gestalten heißt es: „Er starb in hohem Alter, betagt und lebenssatt" (Gen 25, 8; 35, 29 u. ö.). Anders als in unserer Kultur, die Krankheit, Leistungsabfall und Lebensende immer geschickter zu kaschieren versucht, hat der alttestamentliche Mensch noch ein Gespür für die Fristigkeit menschlichen Lebens, er hat noch ein Bewußtsein dafür, „genug" gelebt zu haben.

Vereinzelt begegne ich dieser Auffassung noch im Gespräch mit alten Menschen, die das Gefühl haben und es auch deutlich aussprechen: „Ich habe lange genug gelebt, keiner von denen, die ich liebte oder kannte, lebt mehr – was soll ich also noch hier?"

Solche Menschen sind es dann auch, die buchstäblich „das Zeitliche segnen können", weil ihnen das Gespür für die Endlichkeit ihres Lebens und für die ihnen bloß gestundete Zeit noch nicht verlorengegangen ist. Sie begreifen sich selber als „Menschen vom Tage".

32

Erfahrbar wird die zeitliche Begrenztheit meines Lebens an vielen Punkten meiner Existenz: Alle Jahre wieder beginne ich meinen Urlaub, fange irgendwann – zumeist auf der Hälfte – an, mir vorzurechnen, wieviel Tage mir noch bleiben, trauere um meinen unaufschiebbaren Abschied.

Oder: Wie oft habe ich schon meine Habe zusammengepackt, weil ich umziehen mußte, den gewohnten Ort der Seßhaftigkeit zu verlassen hatte.

Solche und ähnliche Erfahrungen sind die leisen Vorboten des Todes, sind wie Todeserfahrungen mitten im Leben, sind Chancen zur Einübung ins Abschiednehmen.

In der Sprache der alten Babylonier wird das Wort „sterben" mit der Wendung „zum Schicksal gehen" wiedergegeben. Ein faszinierender Begriff, in dem sich sowohl die passive Seite der Unausweichlichkeit des Todes als auch die aktive Seite, die diesen Weg ganz bewußt unter die Füße zu nehmen sucht, miteinander verbinden. Aber eigentlich, so denke ich, gehen wir ja unser ganzes Leben lang zum Schicksal, sind wir jeden Tag aufgerufen, sterben zu lernen. „Wir müssen täglich sterben", heißt es bezeichnenderweise an der Fassade einer mittelalterlichen Kathedrale, „damit wir nicht sterben, wenn wir sterben."

Eindrucksvoll finde ich in diesem Zusammenhang immer wieder die Geschichte von Barsillai. Der achtzigjährige Mann, von dem das zweite Samuelbuch in seinem 19. Kapitel erzählt, ist sich vollkommen klar darüber, daß sein Leben zur Neige geht. Als König David, den er während der Auseinandersetzungen mit seinem Sohn Abschalom mit Lebensmitteln unterstützte, siegreich heimkehren und Barsillai mitnehmen will, um ihm in Jerusalem seine Altersversorgung zukommen zu lassen, da antwortet er kurzerhand (2 Sam 19):

(35) Wie viele Jahre habe ich denn noch zu leben, daß ich mit dem König nach Jerusalem hinaufziehen sollte?
(36) Ich bin jetzt achtzig Jahre alt. Kann ich denn noch Gutes und

Böses unterscheiden? Kann dein Knecht noch Geschmack finden an dem, was er ißt und trinkt? Höre ich denn noch die Stimme der Sänger und Sängerinnen? Warum soll denn dein Knecht noch meinem Herrn, dem König, zur Last fallen?

...

(38) Dein Knecht möchte umkehren und in seiner Heimatstadt beim Grab seines Vaters und seiner Mutter sterben.

Seinem Sohn ermöglicht er statt dessen, die Gunst des Königs anzunehmen. Er selbst aber bereitet sich auf seinen Tod vor, will seine letzten Tage ganz bewußt in der Heimat leben und dort auch begraben werden.

Weniger ergeben und bereit, das Schicksal des eigenen Todes bereitwillig anzunehmen, gibt sich Ijob. Der Schriftsteller, der die Figur dieses alttestamentlichen Buches schuf, fragt mit besonderer Dringlichkeit danach, woher das Leid kommt und warum der Tod die Menschen so unterschiedlich, so ungerecht, so unvermeidbar trifft (Ijob 21):

(7) Warum bleiben Frevler am Leben, werden alt und stark an Kraft?
(8) Ihre Nachkommen stehen fest vor ihnen, ihre Sprößlinge vor ihren Augen.
(9) Ihre Häuser sind in Frieden, ohne Schreck, die Rute Gottes trifft sie nicht.

...

(12) Sie singen zu Pauke und Harfe, erfreuen sich am Klang der Flöte,
(13) verbrauchen ihre Tage im Glück und fahren voll Ruhe ins Totenreich.

...

(23) Der eine stirbt in vollem Glück, ist ganz in Frieden, sorgenfrei.

...

(25) Der andere stirbt mit bitterer Seele und hat kein Glück genossen.
(26) Zusammen liegen sie im Staub, und Gewürm deckt beide zu.

In existentieller Betroffenheit setzt sich Ijob mit Leiden und Sterben auseinander. Er hatte, wie Sie sich sicher erinnern,

34

all seine Söhne und Töchter, seinen ganzen Besitz von einem auf den anderen Tag verloren. Nun ist er selbst von schwerer Krankheit geschlagen und wird von den meisten Mitmenschen angstvoll gemieden.

Ijob hatte bislang in dem festen Glauben gelebt, daß Gott die Guten und Gerechten mit Nachkommen, Besitz, Erfolg und Ansehen belohnt und daß nur die Bösen ein solches Schicksal, wie es ihm nun widerfahren ist, erleiden. Sein Welt- und Gottesbild gerät aus den Fugen: Er ringt mit seinen eigenen Gedanken, mit seinen Freunden, mit Gott ... Und schließlich findet er Antwort auf seine brennenden Fragen in einer Begegnung mit dem unbegreiflich bleibenden Gott.

In der Auseinandersetzung mit seinen Freunden und den „theologischen Lehrmeinungen" seiner Tage greift er in seinem großen Verlangen nach klärender Konfrontation mit Gott so weit aus, daß es wie ein Bekenntnis zu einer den Tod überdauernden Begegnung mit Gott klingt (Ijob 19):

(25) Ich weiß, daß mein Erlöser lebt, als letzter erhebt er sich über den Staub.
(26) Ohne meine Haut, die so zerfetzte, und ohne mein Fleisch werde ich Gott schauen.
(27) Ihn selber werde ich dann für mich schauen; meine Augen werden ihn sehen, nicht mehr fremd. Danach sehnt sich mein Herz in der Brust.

Das bleibt letztlich zu wünschen, daß wir trotz der Härte des Todes, mit der er uns im Leben trifft und mit der er unser eigenes Leben einmal treffen wird, zu solchem Bekenntnis finden: Ich weiß, daß *mein* Erlöser lebt, daß die Erfahrung des Todes nicht die letzte Erfahrung mit den Toten, nicht meine letzte Erfahrung von Leben sein wird.

Rosenkranz – Lebenskranz

Vierundneunzig Jahre ist sie alt geworden: die Frau, die unter diesem Grabstein ihre letzte Ruhestätte gefunden hat. Siebzig Jahre haben sie und ihr noch lebender Mann sich gekannt. Über sechzig Jahre waren sie miteinander verheiratet. – Ein wahrhaft langes und erfülltes Leben!

Obwohl beide zwei Weltkriege durchzustehen hatten und auch Kindheit und Jugend nur Unordnung und frühes Leid für sie bereithielten, ging ihr Leben doch seinen gemächlichen, ruhigen, ja fast routinierten Gang. Tag reihte sich an Tag, Monat an Monat, Jahr an Jahr – wenig spektakulär und aufregend, ein einfaches Leben.

Als es darum ging, einen Grabstein zu gestalten, war die zentrale Überlegung, dieser Einfachheit Ausdruck zu geben. Deshalb wurde eine bewußt einfache Form ohne aufwendige Gestaltungselemente gewählt. Nur die aufrechte Form der sich nach oben wuchtig verbreiternden Stele sollte Zeugnis geben von der Hoffnung auf Auferstehung, aus der die hier begrabene Frau all ihre Tage gelebt hat.

Der ruhige Ablauf ihrer Lebenszeit und ihre große Vorliebe für das Rosenkranzgebet ließen den Gedanken an das Gestaltungselement einiger Rosenkranzperlen aufkommen, die ihren Anfang bewußt auf dem Höhepunkt des Lebens nehmen und sich am Stein entlang bis in die Erde hinabziehen – Zeichen dafür, daß alles Leben dem Grab entgegenläuft, aber auch dafür, daß alles Leben aus dem Grab aufsteigt hin zum Leben in der Höhe Gottes.

Zu den Perlen des Rosenkranzes tritt die Rose als zentrales Bildmotiv. Sie ist nicht nur ein altes Symbol für Christus, sie bezeichnet auch die Liebe, die das Ehepaar über so lange Lebensjahre hinweg mit- und untereinander verbunden hat.

Darüber hinaus ist sie Sinnbild für menschliches Leben überhaupt, für Wachsen und Erblühen, für Welken und Abgeschnitten-Werden. Als ein solches Zeichen der Liebe

36

und des Lebens begegnet die Rose sowohl in der Literatur als auch in der Kunst in vielfältiger Weise.

„Nicht der Tod holt mich, sondern Gott" – diesen Satz hatte die hier bestattete Frau als Spruch für ihren Begräbniszettel bereitgelegt. Ihr Grabstein möchte Ausdruck geben von der faszinierenden Einfachheit dieses Glaubenszeugnisses und von der Hoffnung, bei Gott die harten Kugeln des alltäglich sich aneinanderreihenden Lebens wie Rosen entfalten zu können.

Landkarte meiner Todeserfahrungen

Die meiste Zeit meines Lebens tue ich so, als läge der Tod noch weit von mir entfernt. „Es ist ja noch nicht so weit …", denke ich und bilde mir für einen Moment ein, ich könnte die Beschäftigung mit dem Tod auf das Ende meines Lebens vertagen. Wenn ich ehrlich bin, spüre ich aber sehr oft, wie verborgen oder unmittelbar der Tod in mein Leben reicht.

Damit der Tod nicht als dunkle Macht Ihr Leben „fernsteuert", kann es hilfreich sein, daß Sie für sich selbst diese „Landschaft aus Todeserfahrungen" einmal sichtbar machen. Diese Übung läßt Sie vielleicht die Entlastung erleben, daß der Tod längst kein Fremder mehr für Sie ist, daß er nicht nur ängstigende Gestalt hat.

Die entlastende Funktion dieser Übung wird Ihnen dann besonders deutlich werden, wenn Sie anschließend jemandem Ihre Landkarte zeigen und erläutern.

Sie brauchen für die „Landkarte" nur ein weißes Blatt Papier und vier Wachskreiden.

• Zeichnen Sie zunächst in einer Farbe – am besten Schwarz – den Umriß eines Landes Ihrer Phantasie. Denken Sie an Küstenzonen und Buchten, an gefährliche Kaps und breite Strände oder an Grenzen zu anderen Ländern. Geben Sie dem gezeichneten Phantasieland Ihren Namen: Anne-Insel oder Peter-Land.

• Lassen Sie sich genügend Zeit, mit den verbleibenden Farben nun all die Punkte oder Flächen in die Karte Ihres Landes einzuzeichnen, bei denen Sie den Tod in Ihrem Leben gespürt haben.

• Es wird für Sie hilfreich sein, die Landkarte zu „durchwandern", also entweder im Süden oder im Norden Ihren (Lebens-)Weg beginnen zu lassen.

• Versuchen Sie, möglichst kreativ eine eigene „Systematik" Ihrer Karte zu entwickeln. Mein Vorschlag wäre: Zeichnen Sie die Punkte, an denen Sie den Tod besonders deutlich gespürt haben, als dicke rote Hauptstadtpunkte ein; die Momente, die Ihnen den Tod nur von ferne gezeigt haben, als kleine Ortschaften; wo der Gedanke an Tod und Sterben Sie länger beschäftigt hat, könnte ein Fluß oder ein schraffierter Landstrich das passende Symbol sein.

Sie werden erstaunt sein, wie differenziert Ihre Übersichtskarte mit Ihren Todeserfahrungen werden kann – und wie häufig der Tod schon (unbeachtet) in Ihr Leben getreten ist.

Mein Tod

Unser Leben bietet kaum Gelegenheit, daß wir uns auf uns selbst besinnen und unser eigenes Leben in den Blick nehmen. Die Erfahrung des Todes liebster Menschen und die Besinnung auf den unausweichlichen eigenen Tod sind Situationen, in denen wir dazu gezwungen werden, auf unser eigenes Leben zu blicken. Doch in diesen Situationen sehen wir oft nur das Bedrückende und betrachten unser eigenes Leben als gescheitert.

Die nachstehenden Aufgaben wollen Ihnen helfen, sich ein wenig mehr auf die Spur zu kommen, sich kennenzulernen und sich, Ihr Leben und Ihre Möglichkeiten ernst zu nehmen.

Wählen Sie eine Aufgabe. Nehmen Sie sie aber wirklich ernst (denken Sie nicht gleich: Das bringt doch nichts!). Ordnen Sie Ihre Gedanken am besten schriftlich. Lassen Sie sich Zeit, und setzen Sie sich nicht mit Nebensächlichkeiten unter Druck („Ist meine Schrift auch schön?" – „Ich kann doch nicht schreiben!"). Nach der Erledigung dieser Aufgabe werden Sie mehr über sich wissen!

a) Schreiben Sie selber im Namen einer anderen Person (Ihres [verstorbenen] Partners oder einer anderen wichtigen Person aus Ihrer Vergangenheit oder Gegenwart) einen Abschiedsbrief; tun Sie also so, als nähme der andere Abschied von Ihnen. Überlegen Sie, was ihm / ihr an Ihnen wichtig war und welche Dinge ihn / sie vielleicht gestört haben. Was wird er / sie von Ihnen am ehesten behalten?

b) Schreiben Sie schon jetzt Ihre eigene Todesanzeige oder Ihren eigenen Nachruf, von dem Sie möchten, daß sie nach Ihrem Tod verschickt werden. Versuchen Sie, sich ehrlich klarzumachen, was Ihr eigener Tod für Sie bedeutet.

Wählen Sie von diesen Aufgaben nur *eine* aus, und nehmen Sie sich für ihre Ausführung genügend Zeit.

Liedermacher zum Thema „Tod" – eine Auswahl

Eric Clapton
Will I see you in heaven?   CD Reprise 9362–45024-2
Georg Danzer
Mein Leben   LP Polydor 2372065
Traum   CD Polydor 8115192
Nina Hagen
Auf'm Friedhof   CD Sony Music 480559-9
Klaus Hoffmann
Toter Mann   Text in: ders., Wenn ich sing,
                                             Reinbek 1986
                                             CD Ariola ND 74266

Udo Lindenberg
Jack   Text in: ders., Alle Songs.
                                             1946-1989, München 1989
                                             LP Teldec 6.22223
                                             CD eastwest 229244125

Milva
Vater   LP Metronome 0060103
                                             CD Metronome 813493-2

Reinhard Mey
Atze Lehmann   LP Intercord 160011
Eh' meine Stunde schlägt   LP Intercord 160071
beide Lieder   CD Intercord 855.035
Wie ein Baum, den man fällt   LP Intercord 160036
                                             CD Intercord 855.025
Du hast mir schon Fragen gestellt   LP Intercord 160001
                                             CD Intercord 860.205

Stephan Sulke
Der alte Herr   LP Intercord 160048
Ist er schon gefällt?   LP Intercord 160048
Herman van Veen
Mittagsgedanken[1]   Text in: ders., Ein zärtli-
Ich tanze mit dem Tod[2]   ches Gefühl, Berlin 1995
                                             [1] LP Polydor 237962
                                                 CD Polydor 513052-2
                                             [2] CD Polydor 841435-2

Konstantin Wecker
Ich hab' zum Sterben kein Talent[1]   LP (Liederbuch K. Wecker)
                                             Polydor 2664 224
Und ging davon   LP Polydor 2372 061
Liebes Leben[2]   LP Polydor 2372 061
Lieder[1] und 2]   CD Polydor 835384-2

42

„Weh ist mir um dich ..."

Um einen Toten klagen

Herr B. ist tot. Die Beerdigung liegt nun schon einige Tage zurück. Frau B. war an diesem Tag „sehr gefaßt" – so meinten zumindest die Leute. Sie selber erinnert sich kaum mehr daran. Die ganze Zeremonie in der Kirche und auf dem Friedhof ist wie ein Film an ihr vorbeigelaufen.

Zwei Wochen sind seitdem vergangen. Jetzt erst beginnt Frau B. den Verlust zu begreifen. Alles geht „normal" weiter, und gerade das erscheint ihr im einen Moment unwirklich, ja barbarisch, im anderen sogar als Verrat an ihrem verstorbenen Mann ...

Frau B. zieht sich von allen und allem zurück. Je intensiver sie den Verlust ihres Mannes empfindet, desto mehr wächst die Angst, auf Unverständnis in ihrer Umgebung zu stoßen. „Das Leben geht weiter" – diesen „Ratschlag" hatte man ihr schließlich schon gegeben. Außerdem fürchtet sie, anderen zur Last zu fallen.

„Jeder hat sein Päckchen zu tragen", sagt man ihr – und sie hört daraus: „Trag deines gefälligst allein. Ich habe mit mir genug zu tun." Frau B. spürt: Für meine Trauer ist hier kein Platz.

Sie zieht sich immer mehr in ihre Wohnung und immer weiter in sich selbst zurück. Sie verstummt. Sie erzählt niemandem mehr von ihrem Mann. Sie spricht nicht mehr über ihre Trauer und Angst, ihre Stimmungsschwankungen, ihre religiösen Zweifel, ihre Lebensmüdigkeit ... Warum auch? Es hört ja doch niemand mehr richtig zu.

Vielleicht haben Sie ähnliche Erfahrungen gemacht?

Für Frau B. und für Trauernde überhaupt ist es zunächst ganz wichtig zu erkennen: Jede/r trauert anders. Es scheint so viele Trauerformen zu geben, wie es Menschen gibt. Jede/r erlebt den Verlust anders, geht anders damit um. Und jede/r hat ein Recht darauf, seine Trauer so (aus)zuleben, wie sie / er sie empfindet. Ja, Sie haben das Recht zu trauern, so zu trauern, wie es Ihnen hier und jetzt sinnvoll und richtig erscheint, wie es Ihrem Gefühl entspricht. Ihre Gefühle haben das Recht, sich zu melden. Sie müssen Ihre Tränen nicht herunterschlucken. Sie dürfen ruhig unbequem sein! Warum wollen Sie die Menschen um sich herum schonen? Gestehen Sie den Menschen in Ihrer Umgebung doch zu, selber zu entscheiden, bis zu welchem Punkt sie Sie begleiten können. Es ist normal, daß Ihnen plötzlich alles „verrückt" erscheint. So ist es ja auch: Alles ist *ver-rückt*, nichts ist mehr so, wie es vor diesem Verlust war. Und: Niemand kann (und darf!) von außen festsetzen, wann Ihre Trauer ein Ende zu haben hat.

Die Erfahrungen von Frau B. geben Anlaß, über vieles nachzudenken, was in der Zeit der Trauer und mit „Hinterbliebenen" geschieht. Zumindest einen Aspekt wollen wir im folgenden ausführen: Es geht um die Möglichkeit beziehungsweise die Unmöglichkeit, das innere Empfinden zu äußern. Es ist in unserer Gesellschaft für Trauernde sehr viel schwieriger geworden, einen Schutzraum zu finden. In meiner Kindheit gab es beispielsweise noch die Trauerkleidung, die anderen anzeigte, daß jemand „in Trauer" war. Trug jemand „Schwarz", dann bedeutete das ohne umständliche Erklärungen und für jeden sichtbar: „Schont mich! Ich bin zur Zeit wenig belastbar. Ihr braucht mich nicht zu Feiern einzuladen, danach ist mir im Moment nicht." Die „Kleidersprache" sagte das alles für Trauernde, ohne daß diese dafür selber Worte finden mußten. Andererseits konnten Trauernde auch nichts sagen (beziehungsweise tun), was sich vielleicht gegen die Erwartung ihrer Umgebung richtete. Die Entscheidung, keine schwarze Kleidung zu tragen, konnte niemand durchstehen oder gar durchsetzen, ohne schief angesehen zu werden.

Solche buchstäblich selbstverständlichen Formen und Riten der Trauer sind heute – von wenigen Ausnahmen abgesehen – nicht mehr vorhanden. Mit ihnen ist aber auch ein sichtba-

44

res Zeichen für eine Krisenzeit verschwunden. Heute ist man als Trauernde/r gezwungen, eine Einladung zu einer Feier ausdrücklich abzulehnen, zu sagen, warum man (noch) nicht (wieder) tanzen mag, warum man lieber nicht im Kreis der alten Freunde zusammenkommen will usw. Manche, denen es schwerfällt, ihre Gefühle, Wünsche und Bedürfnisse zu äußern, muten sich daher lieber etwas zu, was sie eigentlich nicht wollen und nur können, wenn sie sich „zusammenrei-ßen". Ihnen hilft keine „Kleidersprache" mehr.

Rituelle Ausdrucksformen fehlen auch dort, wo es um Trauerbekundungen nach dem Tod und am Grab geht. So etwas wie „Klageweiber" gibt es bei uns lange schon nicht mehr. Damit fällt dann aber meist auch das laute und ausdrucksvolle Klagen insgesamt aus, in das man einstimmen kann, um dem Schmerz und der Verzweiflung „Luft zu machen".

Das „Äußern des Schmerzes" kann natürlich „äußerlich" bleiben, es kann aber auch eine „Äußerung" und ein „Loswerden" der Belastung bedeuten.

„Geäußerte", also nach außen getragene Trauer ist jedoch im Laufe der Jahre immer weniger gesellschaftsfähig geworden. Sie paßt einfach nicht zu einer Welt der Leistung, des Erfolgs, des Funktionierens, der Schönheit …

Starke Gefühlsregungen insgesamt behält man lieber für sich: Man(n) gibt sich „cool" und abgeklärt. Verzweiflung, Depression und Mutlosigkeit, aber auch Auflehnung und Zorn gehören nun einmal nicht in die Öffentlichkeit. So zeigt man sich seinen Mitmenschen nicht.

Daß das Leben, alles Leben, seine Schattenseiten hat – Krankheit, Armut, Arbeitslosigkeit, Unfall, Schuld –, wird ebenso gern wie einfach ausgeblendet. Sicher auch deshalb, weil dadurch die Sinnhaftigkeit des Lebens zutiefst in Frage gestellt wird. Ohne das „Darüber-hinaus", ohne ein grundsätzliches „Mehr", ohne die religiöse Dimension unserer Lebensvollzüge bleibt uns vielleicht auch nichts anderes übrig, als all das Negative – das wir erleben oder das uns zumindest vor Augen und in den Ohren liegen könnte – zu verdrängen.

Doch auch die „Frommen" lassen das Klagen oft genug nicht zu; sie geben gern Parolen aus wie: Demütiges Ertragen und geduldiges Sich-Fügen sind schließlich die Gott wohlgefälligen Haltungen. Und überhaupt: Jesus ist auferstanden, er wird auch unsere Toten auferwecken – warum also klagen? Damit halten sie sich geschickt Trauer und Schmerz, Sinnlosigkeit und Verzweiflung von Leib und Seele fern.

Auch in unseren Gottesdiensten ist – genau besehen – kaum noch Raum für Trauer. Sogar in den Messen für die Verstorbenen fehlt es daran, weil häufig nicht der Verlust eines Menschen, der ohnmächtig machende „Schock", das bevorstehende mühsame „Ohne-ihn", sondern allein Auferstehung und Weiterleben des Verstorbenen thematisiert werden. Natürlich ist es gut, eine Hoffnung auf ein neues Leben, ein Weiterleben des Toten denen zuzusprechen, die ohne ihn wortlos und ortlos geworden sind. Meine Trauer, mein Verlust, meine schmerzende Gegenwart und unvorstellbare Zukunft ohne ihn müssen aber mindestens ebenso zur Sprache kommen. Die gegenwärtige Liturgie scheint nur allzuoft – und mit der schönsten theologischen Argumentation – nach dem „Hase-und-Igel-Prinzip" zu funktionieren. Sie ruft dem am Boden zerstörten Menschen, der mit seiner Ohnmacht und Trauer zur Kirche kommt, zu: „Ich bin schon da! – Ehrlich gesagt: Ich bin schon viel weiter als du!"

Wo aber ist der Ort, wo wir gemeinschaftlich lernen könnten, wo uns ermöglicht würde, unserer Trauer Ausdruck zu geben? Denn erst wenn wir Trauer und Schmerz, Verlust, Sinnleere und Hoffnungslosigkeit ausdrücken, können wir auf die Suche nach Verarbeitung und Sinn gehen und mit unseren unbeantworteten Fragen leben lernen.

Allein in der Liturgie des Karfreitags oder allenfalls in einigen Passionsandachten, vielleicht da und dort auch bei gelungenen Trauerfeiern, manchmal auch beim Hören und Mitvollziehen der Aufführungen von Requien finden wir gemeinschaftliche Ausdrucksformen für Trauer. Für mich ist etwa die Geste des katholischen Priesters am Karfreitag, sich zu Beginn des Gottesdienstes lang auf den Boden oder die Stufen zu legen, eine der sprechendsten Trauergesten. Stünde sie am Beginn jedes Begräbnisgottesdienstes, hätten manche Liturgievorsteher (Priester wie Pastoralreferentinnen und Pastoralreferenten sowie andere Laien, die Begräbnisfeiern leiten) wohl eher ein Gespür dafür, wie es denen ergehen muß, die jetzt dort vor ihm (oder ihr) sitzen und am Boden zerstört sind.

Der Verlust eines geliebten Menschen ist ein so schmerzliches und schlimmes Erlebnis, daß wir gemeinsame und individuelle Ausdrucksformen brauchen, um ihn bewältigen zu können. Die Form des punktuellen religiösen Erlebnisses reicht dafür nicht aus. Es bedarf der Riten. Und es bedarf einer religiösen Grundhaltung: erwachsen aus einer Erfahrung damit, daß meine Klagen bei Gott aufgehoben sind.

Zunächst jedoch sollten wir uns die mitmenschliche Seite noch einmal vergegenwärtigen.

Ich kann vielleicht damit anfangen zu lernen, eben nicht mehr die Straßenseite zu wechseln, sondern zu meiner eigenen Hilflosigkeit in der Begegnung mit Trauernden zu stehen. Wie oft meine ich, es ginge darum, tolle, passende Worte des Beileids zu finden, den unerklärlichen Verlust erklären zu müssen! Es geht vielmehr um das Angebot von Nähe, um ein offenes Ohr. Es geht auch darum, die eigene Sprachlosigkeit und Ohnmacht zu artikulieren, die eigene Betroffenheit und Erklärungsnot mitzuteilen.

Soweit Sie sich dabei nicht selbst aufgeben, lassen Sie zu, daß jemand bei Ihnen klagt – und immer wieder klagt! Unsere Rollen wechseln im Leben erfahrungsgemäß recht schnell: Auch Sie brauchen vielleicht schon bald jemand anderen, der Ihnen und Ihrer Trauer nicht ausweicht.

Manchmal ist jemand, der trauert, auch wütend und aggressiv. Selten sind aber wirklich Sie als Gegenüber mit dieser Wut gemeint. Es geht meist eher darum, einfach ein Ventil für ein Meer angestauter Gefühle zu finden. Versuchen Sie, in solchen Situationen klar zu trennen, was Ihre Anteile und was die Anteile Ihres Gegenübers sind.

Wenn Sie selbst sich durch ein Gespräch mit jemandem, der trauert, zu sehr belastet fühlen, dann suchen Sie Entlastung: durch Gespräche, durch Bewegung oder Entspannung. Vielleicht sind Sie aber, wenn Sie sich zu stark belastet fühlen, einfach nicht die richtige Gesprächspartnerin / der richtige Gesprächspartner. Sie dürfen sich das ruhig eingestehen und auch Ihrem trauernden Gegenüber mitteilen. Das ist besser, als ohne Worte die Straßenseite zu wechseln. Vielleicht können Sie ja sogar auf andere Gesprächspartner/innen, auf Selbsthilfegruppen oder professionelle Trauerbegleitungsangebote verweisen. Ihr/e Gesprächspartner/in wird sich – wenn Sie ehrlich zu Ihren Grenzen stehen – eher in ihrer / seiner Trauer ernst genommen als abgeschoben fühlen.

Klagen hat aber nicht nur diese beiden mitmenschlichen Seiten: *Ich* klage *dir* mein Leid. Wesentlich ist dem Klagen auch – zumindest in der Bibel –, daß es über die bloß zwischenmenschliche Seite hinausgeht. Damit tun sich heute viele Menschen schwer.

„Ich kann nicht (mehr) beten", höre ich immer wieder, wenn ich mit Trauernden spreche. Wenn Menschen Krisen erleben, wenn sie in Not geraten sind, wenn sie tiefe Trauer und nackten Schmerz durchleiden, scheint ihnen selbst Gott als ansprechbares Gegenüber verlorenzugehen. Damit verlieren sie aber eine weitere wichtige Möglichkeit, Trauer im Aussprechen zu bewältigen: Sie sind der tiefsten und existentiellsten Form der Klage beraubt.

Und das wohl aufgrund eines großen Mißverständnisses, denn viele meinen, Gebet sei allein Bitten, Loben, Danken. Diese Dimension des Gebetes – wie wichtig sie auch ist – geht freilich in der Krise für viele Menschen – zumindest zeitweise – verloren.

Die Klage ist oft die einzige Ausdrucksmöglichkeit, um vor Unfaßbarem und Unerträglichem nicht vollends verstummen zu müssen, um nicht im Strudel der Verzweiflung,

Trauer und Resignation unterzugehen. Und je größer der Schmerz, um so größer muß wohl auch das Ohr sein, dem ich mein Leid klagen kann. So haben biblische Beter immer wieder bekannt, daß ihr Gott Ohren habe, ihre Klage zu hören, und Augen, ihr Elend zu sehen. Und sie scheuten sich nicht, dieses Hören und Sehen Gottes massiv einzufordern. Auf der (menschlichen) Seite des Sprechenden hat Klage eine wichtige Funktion. Klagen hat keinen Zweck in sich, wie beispielsweise das Tanzen. Ich tanze, und das ist in sich genug. Klagen aber genügt sich nicht; beim Klagen kann man nicht stehenbleiben. Es hat einen dynamischen, über sich hinausdrängenden Charakter: Wer klagt, will Veränderung, will einen anderen, einen besseren Zustand. Wer klagt, ist noch nicht (oder nicht mehr) von der Depression gelähmt. Darin unterscheidet sich das Klagen auch vom Jammern. Beim Jammern ist die Schmerzüberflutung so groß, daß der Mensch kein Gegenüber mehr sieht, keine Worte mehr findet, keinen Blick mehr frei hat für mögliche Veränderung – er jammert eben nur.

Der Klagende aber spricht seine Dunkelheiten aus, gibt seiner Verzweiflung Worte.

In den uns überlieferten biblischen Klagen bleibt uns vieles fremd. Aber ich denke, es lassen sich Grundelemente entdecken, die auch hilfreich für die Bewältigung der eigenen Krisen sein können, die Hilfen bei der eigenen Trauerarbeit bieten. Schauen wir uns etwa nur das Lied des David an, der vom Tode Sauls und Jonatans erfährt. Es steht im zweiten Samuelbuch im ersten Kapitel:

(1) Als David nach dem Tod Sauls von seinem Sieg über die Amalekiter zurückgekehrt war und sich zwei Tage lang in Ziklag aufgehalten hatte,
(2) kam am dritten Tag ein Mann aus dem Lager Sauls, mit zerrissenen Kleidern und Staub auf dem Haupt. Als er bei David angelangt war, warf er sich (vor ihm) auf den Boden nieder und huldigte ihm.
(3) David fragte ihn: Woher kommst du? Er antwortete ihm: Ich habe mich aus dem Lager Israels gerettet.

49

(4) David sagte zu ihm: Wie stehen die Dinge? Berichte mir! Er erwiderte: Das Volk ist aus dem Kampf geflohen, viele von den Männern sind gefallen und umgekommen; auch Saul und sein Sohn Jonatan sind tot.

[...]

(11) Da faßte David sein Gewand und zerriß es, und ebenso (machten es) alle Männer, die bei ihm waren.

(12) Sie klagten, weinten und fasteten bis zum Abend wegen Saul, seines Sohnes Jonatan, des Volkes des Herrn und des Hauses Israel, die unter dem Schwert gefallen waren.

[...]

(17) Und David sang die folgende Totenklage auf Saul und seinen Sohn Jonatan;

(18) er sagte, man solle es die Söhne Judas als Bogenlied lehren; es steht im „Buch des Aufrechten":

(19) Israel, dein Stolz liegt erschlagen auf deinen Höhen. Ach, die Helden sind gefallen!

(20) Meldet es nicht in Gat, verkündet es nicht auf Aschkelons Straßen, damit die Töchter der Philister sich nicht freuen, damit die Töchter der Unbeschnittenen nicht jauchzen.

(21) Ihr Berge in Gilboa, kein Tau und kein Regen falle auf euch, ihr trügerischen Gefilde. Denn dort wurde der Schild der Helden befleckt, der Schild des Saul, als wäre er nicht mit Öl gesalbt.

(22) Ohne das Blut von Erschlagenen, ohne das Mark der Helden kam der Bogen Jonatans nie zurück; auch das Schwert Sauls kehrte niemals erfolglos zurück.

(23) Saul und Jonatan, die Geliebten und Teuren, im Leben und Tod sind sie nicht getrennt. Sie waren schneller als Adler, waren stärker als Löwen.

(24) Ihr Töchter Israels, um Saul müßt ihr weinen; er hat euch in köstlichen Purpur gekleidet, hat goldenen Schmuck auf eure Gewänder geheftet.

(25) Ach, die Helden sind gefallen mitten im Kampf. Jonatan liegt erschlagen auf deinen Höhen.

(26) Weh ist mir um dich, mein Bruder Jonatan. Du warst mir sehr lieb. Wunderbarer war deine Liebe für mich als die Liebe der Frauen.

(27) Ach, die Helden sind gefallen, die Waffen des Kampfes verloren.

(Sie müssen gar nicht genau wissen, um welche Personen es sich dabei handelt. Wenn Sie aber Lust haben, etwas mehr über diese Bibelstelle und die darin vorkommenden Personen zu erfahren, lesen Sie die Stelle doch in ihrem größeren Zusammenhang in der Bibel nach. In den meisten Ausgaben finden Sie eine Reihe von Erklärungen, die Ihnen die Lektüre erleichtern können.)

David erinnert sich und andere an die Lebensleistung, an die kriegerische und siegreiche Größe der beiden. Die militärische, grausame Seite an diesem Lied mag uns fremd sein. Sie sollte aber nicht den Blick verstellen für jene Seiten der Totenklage, die uns auch heute noch etwas Wichtiges im Umgang mit Tod und Trauer vermitteln können.

David rühmt die Stärke und Schnelligkeit der beiden. Er erinnert sich und andere an die Gaben, die sie von ihnen empfangen haben. Er vergegenwärtigt sich die Liebe, die ihn mit Jonatan verbunden hat, er läßt den Schmerz des Verlustes zu, ohne sich um seine Umgebung zu scheren. Er ruft sogar den Himmel an, über dem Ort nicht mehr zu regnen und keinen Tau mehr niederzulassen – weil sie daran keinen Anteil mehr haben und ein Land ohne die beiden es nicht mehr verdient.

Wenn wir das nur könnten: uns mit ganzem Herzen all dessen zu vergewissern, was wir gemeinsam mit unserem geliebten Menschen erlebt haben, all die schmerzhaften Erinnerungen und Gefühle aufsteigen zu lassen, ihnen Raum zu geben. Das zeigt nicht nur die schmerzhafte Seite des *Vorbei!*, es birgt auch die Erfahrungen des *Gelebt! Geliebt! Verbunden! Unvergessen! Wertvoll!*

Wenn wir dafür nur eine Sprache finden könnten! Eine Sprache, die ausdrückt, daß der Verlust so groß ist, daß er für uns geradezu kosmische Auswirkungen hat. Auswirkungen, die sich gefälligst zeigen sollen. Kein Regen, kein Tau, das heißt: Dürre, Ödnis, Wüste sollen herrschen, wo diese geliebten Menschen zu Tode gekommen sind. Das geht uns ja oft noch viel radikaler so: Wir können uns im Angesicht des Todes eines geliebten Menschen nicht vorstellen, jemals des

Lebens, unseres Lebens wieder froh zu werden. Ja, wir wollen gar nicht, daß es überhaupt ohne ihn weitergeht. Wie kann der nächste Geburtstag, das nächste Weihnachtsfest, das nächste Ostern, der Urlaub – wie kann all das ganz „normal" weitergehen? Viele Trauernde berichten davon, wie unglaublich es ihnen am Beginn ihrer Trauerzeit vorgekommen ist, daß alles seinen gewohnten Gang genommen hat, daß weder die große Welt mit ihrer Politik und ihrer Betriebsamkeit noch die kleine Welt der alltäglichen Ereignisse – ja noch nicht einmal der Apfelbaum im eigenen Garten – angesichts der unaussprechlichen Trauer innehält. Über solchen Gedanken kann man, scheint's, geradezu verrückt werden.

Der Erzähler läßt David Worte für seine Gefühle finden. Sicher ist dies nur die Spitze des Eisbergs, bleibt vieles noch im Raum der Ausdruckslosigkeit. Und trotzdem bewegt er sich nur auf diese Weise aus seiner Erstarrung heraus.

In der biblischen Erzählung stimmt David unmittelbar die Totenklage an. In vielen solcher Erzählungen erscheinen die Ereignisse wie verdichtet: Entwicklungen, die in unserem Leben mitunter Monate und Jahre dauern, finden in biblischen Texten an einem Tag statt. Wer eine Todesnachricht erhält, wer sich mit dem Tod konfrontiert sieht, wird wohl kaum im nächsten Moment zu klagen anfangen können.

Jeder Mensch trauert anders. Worte zu finden, in die ich einschwingen kann mit meiner Trauer; Worte zu suchen, mit denen ich die Bedeutung eines Menschen für mich aussagen kann; Worte hinauszuschreien, die meinen Verlust, meine Verzweiflung, meine Leere, meine Sehnsucht ausdrücken – all das kann dem Überleben dienen, kann helfen, die Trauer zu durchleben und nicht in ihr steckenzubleiben. All das braucht aber auch seine Zeit, muß Sprache und Stimme erst noch bekommen.

Der Grund für die Verzweiflung kann ja nicht rückgängig gemacht werden! Wirklichkeit und Unwiderruflichkeit des Verlustes können aber nach und nach ins Leben integriert

52

werden, wo ich Ausdrucksformen dafür finde, wo ich zu klagen lerne.

Eine deutliche Sprache der Klage sprechen die Psalmen, das große Gebetbuch Israels. Ein solches Klagegebet (Ps 88) will ich Ihnen vorstellen:

(2) Herr, du Gott meines Heils, zu dir schreie ich am Tag und bei Nacht.

(3) Laß mein Gebet zu dir dringen, wende dein Ohr meinem Flehen zu!

(4) Denn meine Seele ist gesättigt mit Leid, mein Leben ist dem Totenreich nahe.

(5) Schon zähle ich zu denen, die hinabsinken ins Grab, bin wie ein Mensch, dem alle Kraft genommen ist.

(6) Ich bin zu den Toten hinweggerafft, wie Erschlagene, die im Grabe ruhen; an sie denkst du nicht mehr, denn sie sind deiner Hand entzogen.

(7) Du hast mich ins tiefste Grab gebracht, tief hinab in finstere Nacht.

(8) Schwer lastet dein Grimm auf mir, all deine Wogen stürzen über mir zusammen.

(9) Die Freunde hast du mir entfremdet, mich ihrem Abscheu ausgesetzt; ich bin gefangen und kann nicht heraus.

(10) Mein Auge wird trübe vor Elend. Jeden Tag, Herr, ruf' ich zu dir; ich strecke nach dir meine Hände aus.

(11) Wirst du an den Toten Wunder tun, werden Schatten aufstehn, um dich zu preisen?

(12) Erzählt man im Grab von deiner Huld, von deiner Treue im Totenreich?

(13) Werden deine Wunder in der Finsternis bekannt, deine Gerechtigkeit im Land des Vergessens?

(14) Herr, darum schreie ich zu dir, früh am Morgen tritt mein Gebet vor dich hin.

(15) Warum, o Herr, verwirfst du mich, warum verbirgst du dein Gesicht vor mir?

(16) Gebeugt bin ich und todkrank von früher Jugend an, deine Schrecken lasten auf mir, und ich bin zerquält.

(17) Über mich fuhr die Glut deines Zorns dahin, deine Schrecken vernichten mich.

(18) Sie umfluten mich allzeit wie Wasser und dringen auf mich ein von allen Seiten.
(19) Du hast mir die Freunde und Gefährten entfremdet; meine Vertraute ist nur noch die Finsternis.

Mit Psalm 88 tauchen wir hinein in ein Meer von Schmerz und Klage. In einer eigenen bedrohten, leidvollen, dunklen Lebenssituation könnte dieser Psalm sicher auch für manche von uns Ausdruck unserer Gedanken und Empfindungen, unseres Aufschreis vor Gott werden. Andererseits kann dieses dunkle Lied uns, wenn es uns in einer anderen Lebenssituation antrifft, Anteil nehmen lassen am Schicksal der Leidenden unserer Tage, uns für sie zum Sprachrohr vor Gott werden lassen.

Lassen Sie den Psalm doch einmal – quasi in Zeitlupe – auf sich wirken.

Obwohl JHWH als Gott des Heils gleich zur Eröffnung des Psalms angerufen wird, entbehrt der Beter allem Anschein nach gerade der Erfahrung einer heil-samen Seite Gottes.

Er fühlt, daß er aus der Gemeinschaft mit den anderen und mit Gott herausgefallen ist. Was ihm Anlaß zur Klage gibt, können wir nicht mehr ermitteln. Wir erfahren einzig und allein, daß er sich von früher Jugend an als krank erfährt und daß er das als „Geschlagensein" erlebt. Unter welcher Krankheit er leidet, ist nicht auszumachen, doch: „Es weht die Luft des Todes durch jede Zeile" (H. J. Kraus). Man ist beim Lesen unwillkürlich an das Buch Ijob erinnert: in der Vehemenz der erlebten Gottferne, in der Unbegreifbarkeit des erlittenen Leidens ebenso wie durch die wortstarke Klage.

Der Betende klammert sich noch im Versinken an Gott. Er muß schon einmal gute Erfahrungen mit seinem Gott gemacht haben, daß er sich in seiner Leidenssituation so an ihn halten, so an ihm festhalten kann. Es schimmert kein Funke Hoffnung durch die Zeilen des Liedes; nur die direkte Anrede Gottes läßt erahnen, daß dieser Mensch von Gott nicht

54

lassen will. Der Psalm spricht es deutlich aus: Das Geheimnis des Leides erschließt sich unserem Denken – heute wie damals – nicht. Das Leiden in seinen ungezählten Gestalten ist – damals wie heute – die radikalste Bedrohung des Glaubens an Gott. Und doch lehrt uns der Psalm, mit unseren unbeantworteten Fragen und unseren Leiderfahrungen zu leben, nicht einfach irgendwie, sondern festhaltend an unserem Gott – trotz allem. Wenn wir dann noch einen Schritt weiter gehen als der Psalmist und an einen Gott glauben, der in Jesus Christus unser Leben und unser Geschick geteilt, Leiden ausgehalten und selbst den Tod überwunden hat, und wenn uns das trägt in unserem Leben, in dunkler Zeit – dann mag man das wohl mit dem alten Wort „Gnade" bezeichnen.

Jochen Klepper hat diese Gotteserfahrung in einem Lied, das – leider zu selten – im Advent im Gottesdienst gesungen wird, meisterhaft ausgedrückt:

Auch wer zur Nacht geweinet,
der stimme froh mit ein.
Der Morgenstern bescheinet
auch deine Angst und Pein.
[...]
Noch manche Nacht wird fallen
auf Menschenleid und -schuld.
Doch wandert nun mit allen
der Stern der Gotteshuld.
Beglänzt von seinem Lichte,
hält euch kein Dunkel mehr;
von Gottes Angesichte
kam euch die Rettung her.

Die Trauernde

Tod-
gedanken,
gefühle,
herzkalt, versteinert,
dann Kämpfe,
Knoten im Hirn.

Zurückhalten den Wahnsinn,
aushalten den Un-Sinn,
innehalten das Leben.

Fliehen zum Lebensanfang,
neu zu gebären
das eigene Leben
aus Demut:
diese Schmerzgeburt
aus Dunkelheit
und Salz.

Leben will ich –
trotzdem.

Brief an mich selbst

Wenn Sie innerlich angefüllt von Klage sind um das, was Sie verloren haben, und dabei das Gefühl in Ihnen wütet, daß es Ihnen morgen, in einer Woche, in einem Monat, einem Jahr noch genauso gehen wird wie heute, dann versuchen Sie einmal, einen Brief an sich zu schreiben. Bringen Sie ihn dann ein, zwei Tage später zur Post.

Vielleicht spüren Sie, wenn Sie ihn dann empfangen und lesen, etwas von den kleinen Veränderungen: Jeder Tag ist anders; an jedem ändern sich unsere Gefühle ein wenig.

Ihr Brief sollte folgende Form haben:

Sprechen Sie sich selbst in diesem Brief mit Vornamen an; schreiben Sie in der „Du-Anrede".

Bieten Sie sich selbst keine Lösungen an.

Versuchen Sie nur, Ihre momentane Befindlichkeit ins Wort zu bringen: Es geht um eine Momentaufnahme Ihres Zustands.

Gebrauchen Sie daher Worte wie „jetzt", „gerade", „zur Zeit", „im Moment", „augenblicklich" usw.

Vermeiden Sie Worte, die verallgemeinern, wie „immer", „alles", beziehungsweise versehen Sie solche verallgemeinernden Wendungen mit der Gegenwartsform: „Zur Zeit erscheint es mir, als bliebe immer alles so dunkel…"

Beenden Sie Ihren Brief an sich mit einem „positiven" Ausblick („Irgendwann wird wieder Frieden in meinem Herzen einkehren" oder „Irgendwann wird mich kein Schuldgefühl mehr quälen, ob ich nicht mehr hätte tun können").

Stecken Sie Ihren Brief in einen an Sie selbst adressierten Umschlag, lassen Sie ihn bis morgen liegen und geben Sie ihn dann auf die Post.

Vielleicht entdecken Sie bereits beim Schreiben: In jedem Menschen gibt es eine „innere Kraft" („Weisheit", „Stimme", „Selbstheilungskräfte"), die Ihnen helfen kann, Ihren inneren Aufruhr selbst zu meistern.

Aber auch ohne diese Annahme gilt: Das Aussprechen, das „Ins-Wort-Bringen" hat heilenden Charakter.

58

Trauermandala

Als eine der entscheidendsten Traueraufgaben bezeichnet der Psychologe Yorik Spiegel den Versuch, „das eigene Gefühlschaos zu strukturieren". Sie selber werden erleben, wie sehr selbst widersprüchliche Gefühle einander abwechseln, wie schnell das himmelhohe Jauchzen in das Betrübtsein bis zum Tode übergehen kann – und umgekehrt.

Lassen Sie sich ein wenig Zeit – vielleicht sogar für jeden der Kreise einen einzelnen Tag –, und spüren Sie der von jedem Kreis angestoßenen Frage nach. Wenn Sie möchten, schreiben Sie in beziehungsweise an die Kreise, was Ihnen aufgegangen ist.

Abschied braucht ein Gesicht

Abschieds- und Trauerriten

Wenn ich an Erfahrungen mit dem Tod und mit Riten rund um die Toten denke, fallen mir vor allem zwei Erinnerungen ein, die sich meinem Gedächtnis eingebrannt haben. Dabei sind es nicht nur die Bilder, die wie ein Film vor meinem inneren Auge ablaufen, sondern auch die Gerüche, die Worte, manchmal sogar ein bestimmter Geschmack, die sich mir tief in die Seele eingeschrieben haben.

2. Oktober 1969 – das Datum weiß ich nur, weil es auf dem Totenbildchen steht, auf dem Grabstein und in einem Gedächtniskalender: der Todestag meines Vaters. Ich war gerade acht Jahre alt.

Mehr als 27 Jahre sind seitdem vergangen. Mein erstes bewußtes Erlebnis von Sterben und Tod und allem, was damals an Riten zur Trauer dazugehörte.

Als mein Vater starb, war es noch üblich, den Toten im Sterbezimmer aufzubahren. Eigentlich kann das noch nicht im späteren Sarg gewesen sein – oder sollte der bereits so schnell gekauft worden sein? Der Schreiner jedenfalls war ein Nachbar – einer, von dem auch unsere Möbel stammten.

Ich erinnere mich daran, daß mein Vater am Fußende des elterlichen Bettes aufgebahrt war. Die Kerzen auf dem Tischchen daneben sehe und rieche ich noch. Und ich habe ein Bild in meinem Inneren von dem Toten mit dem Sterbekreuz in den gefalteten Händen, die eine Körperseite bläulich verfärbt: Mein Vater starb an einem Herzinfarkt.

Wie viele Bräuche es doch gab rund um diesen Tod: die Gebete im Sterbezimmer zusammen mit der Nachbarschaft; die Rosenkränze an den Abenden in der Kirche, zu denen fast das ganze Dorf zusammenkam; die Blumenkränze in der Leichenhalle; der endlos erscheinende Prozessionsweg von der Kirche zum Friedhof; das schwarze riesige Menschenmeer; die Beerdigungsfeier dort am Rande des Dorfes; der Beerdigungskaffee hinterher ... Die Eindrücke waren so zahlreich.

Eines ist mir besonders im Sinn geblieben: die Erde, die man mit einem Schäufelchen aufnahm und auf den Sarg warf. Damals habe ich das zum ersten Mal und seitdem noch so oft getan: „Staub bist du, und zum Staub kehrst du zurück." Mich überkommt immer eine eigenartige Wut, wenn ich die Erde auf der Schaufel sehe und langsam auf den Sarg werfe, der bereits in dieses Erdloch verschwunden ist. Wenn die Erde dumpf auf den Sargdeckel schlägt, rufe ich in meinem Inneren immer den Namen des Toten, und in mir tönt es laut: Nein!

Nein, das ist nicht das Letzte! Du wirst nicht einfach verwesen – Ende, Aus! Du mußt neues Leben bei Gott finden. Wir alle müssen – um Himmels willen! – auferstehen.

Die Erfahrung von alles umfassender Vergänglichkeit ist in diesem Augenblick auf dem Friedhof so intensiv, daß sie alle Lebensenergie aufzufressen scheint. „Wir alle sterben. Du bist nur irgendwie schneller gewesen", scheint alles um mich herum zu sagen; diese irgendwie beschämende Mischung aus tiefer Trauer, schmerzlichem Verlust und dem ambivalenten Wissen: Ich bin es diesmal noch nicht.

Ein Schauder überfällt mich jedesmal, wenn im christlichen Begräbnisritus dann für „den Nächsten aus unserer Mitte" gebetet wird. Damals wußte ich zum ersten Mal, daß auch an mir, dem Kind, dieses Schicksal nicht vorübergehen wird: Auch ich kann die Nächste sein. Auch ich muß sterben.

Aber ich erinnere mich auch daran, daß die Kerzen und die Gebete, die vielen Menschen und die Blumen etwas Tröstliches hatten. Ich habe, glaube ich, damals verstanden, daß mein Vater ein wichtiger Mensch gewesen ist, dem viele „das letzte Geleit" geben wollten.

Jahre später habe ich den Tod einer alten Freundin erlebt, die „lebenssatt" mit über neunzig Jahren gestorben ist. Sie war eine der ersten evangelischen Theologinnen, später dann zum Katholizismus konvertiert; ich frischgebackene Theologiestudentin.

Wir beide haben immer zusammen chinesischen Rauchtee getrunken und uns dabei über Gott und die Welt unterhalten. Diesen herben, rauchig-verräucherten Geruch des Tees werde ich mein Leben lang mit unseren Gesprächen verbinden.

Ich habe einmal versucht, den Tee allein zu trinken. Er schmeckte mir nicht mehr. Es fehlte die Freundin, und es fehlten die Worte und das Schweigen.

Auf der Beerdigung habe ich mich nicht getraut, aber Tage später bin ich – das einzige Mal übrigens, weil ich mittlerweile weit entfernt lebe – zum Friedhof gegangen und habe chinesischen Rauchtee über ihrem Grab verstreut. Es war für mich ein Symbol für meinen Dank für unsere Gespräche, für das Ende eines Lebensabschnitts, das Ende einer eigenwilligen Freundschaft …

Ich glaube gar nicht, daß meine Gedanken dabei besonders tiefschürfend waren, aber es war mir wichtig, ihr diesen Tee vorbeizubringen. Es war *mein* (!) Ritual des Abschieds.

Solche persönlichen Riten im Umgang mit Toten sind uns eher fremd. Aber in jeder Kultur, in jedem Land haben Menschen bestimmte Umgangsformen mit den Verstorbenen entwickelt. Man wollte die geliebten Menschen nicht einfach von Fremden in der Erde verscharren oder verbrennen lassen. Es sollte einen würdigen Abschied geben. Dem Toten wollten die Angehörigen „eine letzte Ehre" erweisen, sie selbst suchten einen Ritus, der ihnen den Übergang in die eigene Trauer erleichterte.

Bei uns zu Hause gehörte es beispielsweise zum Abschiednehmen dazu, daß der oder die Tote von den Angehörigen gewaschen und angekleidet wurde. Das tat man schon allein deshalb, weil der Leichnam aufgebahrt wurde, damit alle, die das wollten, einen letzten Blick auf den Toten werfen, sich verabschieden konnten. Sie sollten die Möglichkeit haben, zu sehen und zu begreifen: N. ist tot.

62

Vom ersten Moment an prägen religiöse Zeichen den Umgang mit den Verstorbenen. In meinem Heimatdorf gibt man dem Toten einen Rosenkranz oder ein Sterbekreuz in die Hand. Alle, die ihn oder sie kennen und Zeit haben, versammeln sich zu gemeinsamen Gebeten. Es werden „Totenzettel" erstellt, die in kleinen Sprüchen etwas von der Bedeutsamkeit des Menschen für seine Angehörigen und von deren Hoffnung für den Verstorbenen ausdrücken: daß er bei Gott leben wird; daß Gott, an den er im Leben geglaubt hat, ihn im Sterben annehmen möge; daß er im Frieden Gottes ruhen möge …

Die gesamte Bestattung hat bei uns noch ein religiöses Gesicht: Es gibt eine gottesdienstliche Feier in der Kirche, den Prozessionsweg zum Friedhof, der betend gegangen wird, einen liturgischen Akt in der Friedhofskapelle und am Grab.

Früher nahmen an dieser Trauerfeier nicht nur die engsten Familienangehörigen, sondern auch Freunde und Freundinnen, Nachbarn, Dorfbewohner und Arbeitskolleginnen teil. Heute ist es nur selten noch möglich, sich dafür freizunehmen. Die Beerdigungen in den Städten laufen zudem „fließbandmäßig" nach einem engbemessenen Terminplan ab.

In meiner Kindheit und Jugend ließen es sich die Nachbarn nicht nehmen, den Sarg des Verstorbenen zu tragen. Das taten immer die Männer, die sich dafür sogar einen Urlaubstag nahmen. Heute machen das weitgehend Angestellte des Friedhofsamtes. Sie sorgen auch dafür, daß das Grab mit Erde zugeschaufelt und die Blumenkränze aufgelegt werden. In manchen Gegenden machen das die Angehörigen sogar noch selbst.

Das Grab hat ebenfalls meist religiöses Gepräge: Oft stehen – auch heute noch – Kreuze oder Marienstatuen auf den Gräbern, oder es sind religiöse Symbole in die Grabplatten eingeritzt. Bibelsprüche verkünden den Glauben an die Auferstehung, Gedichtzeilen versuchen, dem Sinn zu geben, was den Zurückbleibenden ungereimt bleibt.

Im alttestamentlichen Israel war das zu einem großen Teil anders: Bestattungsriten gehörten nicht zu den kultischen Vollzügen der offiziellen JHWH-Religion, sondern in den Bereich des familiären Brauchtums. Nicht nur die religiöse Gemeinschaft, auch die Nachbarschaft oder das Dorf haben im Grunde mit dem Tod, mit der Bestattung des Toten nichts zu tun.

Nur bei den Königen ist das etwas anders, weil deren Tod ja das Fortbestehen der Gesellschaft gefährdet. Hier kommt auch die soziale Dimension des Todes in gemeinsamen Riten stärker in den Blick. Da gilt nämlich zumeist das Prinzip: „Der König ist tot, es lebe der König." Das heißt: Sofort muß der Nachfolger ausgerufen werden, damit die soziale Ordnung nicht allzusehr gefährdet wird.

Es gibt eine Reihe von Riten, mit denen Menschen in der Hebräischen Bibel (unserem Alten Testament) den Schmerz über den Verlust eines anderen zum Ausdruck bringen: Wir lesen vom Zerreißen der Kleider, dem Anlegen eines Trauergewandes, dem Ablegen der Sandalen, dem Verhüllen des Bartes beziehungsweise des ganzen Gesichtes, jemand streut Erde oder Asche auf sein Haupt oder schert sich den Kopf kahl, man ritzt seinen Körper (Selbstverwundungen), fastet und klagt. Es gab wohl professionelle Helfer bei der Klage, sogenannte „Kenner/innen der Totenlieder" („Klageweiber" zumeist, wie wir sie auch heute noch im Orient finden), die vielleicht neben traditionellen und allgemeingültigen Liedern auch ganz gezielt auf das Leben des Verstorbenen bezogene Strophen hinzuformulierten.

Die Ursprünge der meisten in Israel praktizierten Riten können wir nur vermuten, aber man spürt, daß mit ihnen Trauer Gestalt annehmen durfte und Ausdruck fand. Das aber ist der erste und maßgebliche Schritt zu ihrer Bewältigung.

Wir begegnen diesen Riten in der Bibel übrigens oft gar nicht im Zusammenhang mit konkreten Trauerfällen, sondern zum Beispiel in Verbindung mit Gerichtsworten der Propheten.

64

So ist das Verbot für den Propheten Jeremia, keine Trauer und Anteilnahme zu zeigen, ein „sprechendes Zeichen" für sein Volk, daß es – wenn es nicht umkehrt – keine Existenz mehr im Land finden wird. Im Buch Jeremia (Kapitel 16) heißt es:

(5) Ja, so hat der Herr gesprochen: Betritt kein Trauerhaus, geh nicht zur Totenklage, und bezeig niemandem Beileid! Denn ich habe diesem Volk mein Heil entzogen – Spruch des Herrn –, die Güte und das Erbarmen.
(6) Groß und klein muß sterben in diesem Land; man wird sie nicht begraben und nicht beklagen. Niemand ritzt sich ihretwegen wund oder schert sich kahl.
(7) Keinem wird man das Trauerbrot brechen, um ihn wegen eines Verstorbenen zu trösten; man wird ihm nicht den Trostbecher reichen wegen seines Vaters oder seiner Mutter.

Neben dem Kahlscheren und Ritzen – das übrigens für Israeliten eigentlich untersagt war, weil es ein aus den Nachbarkulten eingewanderter Brauch war (und jede Selbstverstümmelung als JHWH-feindlich galt) – kommt hier noch der Beileidsbesuch beim anderen, verbunden mit dem rituellen Essen von Trauerbrot und dem Teilen des Trauerbechers, vor. Da der Sterbetag mit Fasten begangen wurde, kamen Freunde zur Beendigung des Fastens mit Speisen und Getränken zu den Angehörigen, um bei ihnen zu sein und sie zu trösten. In den biblischen Texten fällt auf, daß mit keinem dieser Trauerriten JHWH, der Gott Israels, in Zusammenhang gebracht wird. Sterben bedeutete für das alttestamentliche Israel, aus der lebendigen Verbindung mit Gott herauszufallen. Deshalb heißt es in den Psalmen manchmal, daß die Toten JHWH nicht mehr loben. JHWH ist ein Gott der Lebenden, sein „Zuständigkeitsbereich" umfaßt die Toten nicht mehr. Der Glaube, daß JHWH auch für die Toten da ist, wird sich erst später, ab dem dritten vorchristlichen Jahrhundert, durchsetzen.
Für uns heute können wir den Texten vielleicht entnehmen,

daß Menschen im Augenblick der Trauer und des Verlustes von Gott – und damit von Hoffnung und Halt – weit entfernt sind. Da ist eben nur Trauer!

Es ist gut, wenn diese Trauer uns nicht sprach- und ausdruckslos dunkel überfällt, sondern nach außen dringen, sich „äußern" darf. Dazu helfen rituelle Vollzüge. Der einzelne muß nicht erst lange nach seinem Ausdruck suchen, sondern er findet vorgegebene Rituale als Ausdrucksmittel. Das war bei uns beispielsweise noch bis vor kurzem die schwarze Kleidung, die jemand als Zeichen der Trauer trug. Es gab gesellschaftlich vorgegebene Zeiten – je nach Verwandtschaftsgrad, wie lange solch dunkle Kleidung getragen werden mußte.

Auch biblisch deutet sich an, daß es feste – also sozial verankerte und damit einforderbare – Trauerzeiten gab: 30 Tage wurde getrauert, heißt es zum Beispiel, oder sieben Tage wurde ein Trauerfasten gehalten.

Trauer ist ein sehr individueller Prozeß! Natürlich kann niemand von außen vorschreiben, wie lange jemand zu trauern hat, wann die Trauerzeit enden soll.

Aber wenn man es von der anderen Seite her betrachtet, machen solche vorgegebenen Zeiten durchaus Sinn: Sie dienen dazu, Menschen in Trauer einen Schonraum zu gewähren. Sie fordern also eher etwas von der Umgebung als vom Trauernden selbst!

Im Alten Testament erfahren wir von Menschen, die schier untröstlich waren, weil ihnen das Liebste genommen worden ist. So heißt es beispielsweise im Buch Genesis von Jakob, der annimmt, daß sein Sohn Josef ums Leben gekommen ist (Gen 37):

(34) Jakob zerriß seine Kleider, legte Trauerkleider an und trauerte um seinen Sohn viele Tage.
(35) Alle seine Söhne und Töchter machten sich auf, um ihn zu trösten. Er aber ließ sich nicht trösten und sagte: Ich will dauernd zu meinem Sohn in die Unterwelt hinabsteigen. So beweinte ihn sein Vater.

66

Jakob ist sozusagen ein „problematischer Trauerfall": Er will von seiner Trauer nicht lassen, will keine Veränderung. Heute würde man ihm wohl empfehlen, wenn keinerlei Veränderung in seiner Trauer eintritt, der Trauerschmerz unverändert stark bleibt oder sich sogar noch verschlimmert: „Hol dir professionelle Hilfe." Die Kinder sind – nicht nur für Jakob – kaum die richtige Adresse. Auch wenn sie in bester Absicht handeln würden (was man, wenn man die biblische Geschichte kennt, bezweifeln kann), sind sie selber zu sehr in die Situation verwickelt, um hilfreich zu sein. Diese Konstellation wiederholt sich heute in vielen Familien, die um ein Familienmitglied trauern.

Jakob ist in der ersten Phase seiner Trauer des eigenen Lebens müde und wünscht sich, selbst nicht mehr zu leben. Die Aufgabe, die Trauer zu bewältigen, ist – so scheint es – zu schwer für ihn allein. Die anderen Kinder führen ihm vielleicht nur den Verlust des einen vor Augen, halten seinen Schmerz wach. Da müßte jemand ganz anderes dasein, der seine Trauer anhört und bereit ist, den Schmerz mit ihm zusammen anzusehen. (Aber Jakob findet auch so seinen Weg; zum Prozeß seiner Trauer können Sie weitere Gedanken im Kapitel „Wenn ihm ein Unfall zustieße auf dem Weg ..." finden.)

Ein griechisch schreibender Weisheitslehrer, Jesus Sirach, schreibt (im 38. Kapitel seines gleichnamigen Buches):

(16) Mein Sohn, um den Toten laß Tränen fließen, trauere, und stimm das Klagelied an! Bestatte seinen Leib, wie es ihm zusteht, verbirg dich nicht bei seinem Hinscheiden!
(17) Sei betrübt, mein Sohn, und überlaß dich heftiger Klage, halte die Trauer ein, wie es ihm gebührt, einen Tag oder zwei, der Nachrede wegen; dann tröste dich über den Kummer hinweg!
(18) Aus Kummer entsteht Unheil; denn ein trauriges Herz bricht die Kraft.
(19) Schlimmer als der Tod ist dauernder Kummer, ein leidvolles Leben ist ein Fluch für das Herz.
(20) Lenke deinen Sinn nicht mehr auf den Toten, laß von der Erinnerung an ihn ab, und denk an die Zukunft!

(21) Denk nicht mehr an ihn; denn es gibt für ihn keine Hoffnung. Was kannst du ihm nützen? Dir aber schadest du.
(22) Denk daran, daß seine Bestimmung auch deine Bestimmung ist: Gestern er und heute du.
(23) Wie der Tote ruht, ruhe auch die Erinnerung an ihn, tröste dich, wenn sein Leben erloschen ist.

Was Jesus Sirach da schreibt, kommt uns vielleicht wenig einfühlsam vor. Es klingt wie das, was Trauernde ohnehin genug zu hören bekommen: „So langsam solltest du darüber hinweg sein!" Aber einige Aspekte von dem, was er sagt, können sicher auch für uns hilfreich sein: Wer wüßte nicht, daß nicht enden wollende Trauer wie ein Fluch sein kann. Der Kummer nimmt alle Lebenskraft. Es gibt eine Zeit der Trauer, und es muß eine Zeit geben, die Trauer zu beenden! Wenn bei Ihnen nach einem Jahr immer noch alles innere Leben unverändert ist, dann sollten Sie sich Hilfe suchen – bei einer der mittlerweile fast überall bestehenden Lebensberatungsstellen oder bei Trauerbegleiterinnen und Trauerbegleitern in Ihrer Umgebung. Das soll nicht heißen, daß Sie nach einem Jahr über den Verlust hinweg sein müssen! Aber wenn der größte Schmerz langsam versiegt, dann sollte für jeden wieder eine Zeit kommen, in der sich ihm oder ihr wieder langsam und zaghaft, aber doch Schritt für Schritt der Blick auf das Leben neu eröffnet. Wir selbst sind es, die aus dem Schneckenhaus unserer Trauer wieder nach draußen schauen, unsere Fühler ausstrecken, tastende Schritte wagen müssen. Das nimmt uns niemand ab. Das kann keiner für uns tun – selbst wenn er uns noch so sehr liebte und noch so sehr helfen wollte.

Das heißt freilich nicht, daß der Schmerz nicht wieder von einem zum anderen Augenblick heftig und unerträglich aufzubrechen vermag. In solchen Momenten treten wir vielleicht wieder den Rückzug ins Schneckenhaus unserer Trauer an, das uns vor der „unerträglichen Leichtigkeit des Seins" zu schützen vermag.

Doch wer das Leben ausschließlich und dauerhaft als dunkel und leer erlebt, läuft Gefahr, in seiner Trauer lebendig tot zu sein.

Es gibt Stationen, die Sie auf Ihrem Trauerweg zurücklegen müssen, um mit und aus Ihrer Trauer heraus wieder neu leben zu können. Das Tempo kann und will Ihnen freilich niemand vorschreiben – auch ich nicht. „Ich übe noch", sagt eine Bekannte von mir gern, wenn sie gefragt wird, wie es ihr in ihrer Trauer geht. Auch Sie haben das Recht, Ihre Trauer jeden Tag neu zu üben. Ich möchte versuchen, Ihnen zumindest drei Übungsschritte zu benennen. So können Sie prüfen, wo Sie derzeit auf Ihrem Trauerweg stehen und wie Sie selbst „in der Zeit liegen".

Abschied – der erste und schwerste Schritt. Noch rühren die Hände an, was sie doch nicht mehr festhalten können. Der konkrete Abschied kann „kurz und schmerzlos" sein, kann ganz und gar ausbleiben oder bewußt vollzogen werden. Das eigentliche Abschiednehmen derer aber, die zurückbleiben (müssen), zieht sich über einen längeren Zeitraum hin und ist voller Schmerz. Plötzlich, immer wieder, können Wunden des Abschieds erneut aufbrechen und zu bluten beginnen: ein Bild, das mir beim Aufräumen in die Hände fällt, ein Lied, das im Radio erklingt, Briefe, die immer noch eintreffen, obwohl der, an den sie gerichtet sind, nicht mehr da ist …

Abschiede sagen etwas aus über die Menschen, die voneinander Abschied nehmen, sprechen von ihren gemeinsamen Hoffnungen und ihrer gemeinsamen Geschichte. „Den Ankünften nicht glauben, wahr sind die Abschiede", sagt die Schriftstellerin Ilse Aichinger.

Trauern heißt: lernen, Abschied zu nehmen – auch dort, wo uns vielleicht kein gemeinsamer Abschied voneinander mehr möglich war. Niemand wird uns diese Aufgabe abnehmen, da jeder Abschied individuell gelebt werden will. Wer weitergehen möchte auf seinem eigenen Weg, der muß irgendwann Abschied nehmen, muß lernen, sich – auch unter Schmerzen – zu lösen.

Abschiede wollen zuweilen bewußt inszeniert sein. Die Zeichen dafür können unterschiedliche Stufen markieren.

Frau W. erzählte mir, daß ihr Sohn nach dem Tod ihres Mannes ihre Hochzeitskerze in die Bestattungskabine der Friedhofshalle gebracht und sie während der Beerdigung getragen habe. Anschließend hätte diese Kerze auch beim gemeinsamen Trauergottesdienst als Erinnerungs- und Hoffnungszeichen gebrannt. „Gottes Segen begleite Euch", stand auf der Kerze – ein Verheißungswort, dessen Zusage sie in dieser traurigen Stunde mehr denn je brauchte.

Manche Trauernde räumen nach einiger Zeit bewußt den Besitzstand ihres Verstorbenen auf und trennen sich – so weh das tut – von Räumen und Gegenständen.

Andere schreiben ihrem oder ihrer Toten einen Brief (oft Jahre nach dem Tod) und übergeben ihn als Zeichen des Abschieds der Erde des Grabes. Wieder andere erleben die kirchliche Jahrgedächtnisfeier als einen solchen Ritus des Abschieds und Übergangs.

Aufbruch – Abschied nehmen kann nur, wer auch bereit ist, aufzubrechen, Neues zu wagen und Altes zu lassen. Trotz allem Zauber, der dem Anfang innewohnt, geht der Blick doch immer wieder zurück: „Wie war das noch, damals?" – „Erinnerst du dich noch …?" Selten bleiben die Fragen der Erinnerung so vorsichtig. Allzuoft brechen sie wie Wogen hervor, unter denen die ersten Gehversuche auf dem ungewohnten Weg ohne den anderen aus der Bahn geraten. „Warum kann es nicht mehr so sein wie damals?"

Manchen wird es in ihrem Schmerz gehen wie Orpheus, der aus Trauer um seine Eurydike singt: „Ach ich habe sie verloren / all mein Glück ist nun dahin / wär, oh wär ich nie geboren / weh, daß ich auf Erden bin" (so in Christoph Willibald Glucks gleichnamiger Oper).

Für Trauernde ist diese zweite Phase alles andere als ungefährlich. Der Blick zurück kann sie auf ein Bild des Vergangenen fixieren, ohne daß sie merken, daß sie eines Tages die Fähigkeit verloren haben, mit und aus ihren Erinnerungen zu

70

leben. Vielleicht darf Orpheus sich deshalb bei dem Versuch, Eurydike aus der Unterwelt zu befreien, nicht umdrehen. Wer allzuviel zurückblickt, kann in dieser Haltung erstarren, kann ungenießbar werden – wie die Erzählung von Lots Frau im Buch Genesis vielleicht nahebringen möchte. Die namentlich nicht genannte Frau Lots erstarrt zur Salzsäule, als sie sich bei der Flucht aus ihrer Heimat zurückwendet. Salz – das ist auch ein Symbol für Tränen und Trauer; in diesem Fall sicher für die Versteinerung im eigenen unverarbeiteten Abschied. Trauern heißt: lernen, aus den Erinnerungen heraus neue Wege zu gehen.

Viele um einen Verstorbenen Trauernde entdecken dabei für sich manche Dinge neu, die früher ihr Lebenspartner gern tat oder die sie gern mit ihm zusammen unternommen haben. Aufbruch heißt nicht: vergessen, Gras über die Sache wachsen lassen, seine Hoffnungen begraben – sondern: mit meinen Erinnerungen neue Wege für mich suchen und auf diesen neuen Wegen auch die neue Nähe der Verstorbenen finden. So kommen Sie schließlich zu Ihrem neuen Weg.

Neuer Weg – Jeder Abschied bedeutet Verlust, bedeutet das Zerbrechen meiner Welt; aber jede Trauer kann auch Gewinn, kann auch die Neuschöpfung meiner Welt bedeuten. Wer Abschied nehmen mußte, wer aufgebrochen ist, der kann von sich auch sagen: „Meine Augen haben das Heil gesehen" (Lk 2, 30). Das heißt nichts anderes, als durch die Abschiedserfahrung die Welt mit anderen Augen zu sehen.

Wer um einen Menschen trauert und mit dieser Trauer einen neuen Weg zu beschreiten versucht, der gelangt auch zu einer neuen und umfassenderen Nähe des Menschen, um den er weint. Der Stern, der dieser Mensch für mich war, ist nicht erloschen und nicht untergegangen, aber sein Glanz hat sich vermählt mit einer größeren Sonne, auf die ich nun zugehen kann. In dieser dritten Phase wandelt sich die Trauer, sie eröffnet neue Möglichkeiten und läßt die Erinnerung anders erscheinen, weniger schmerzhaft und das Leben gefährdend. Auch jetzt ist es gut, Erinnerungen auszusprechen, mit ihnen zu leben, den Verstorbenen hineinzunehmen in das eigene Leben, davon auszugehen, daß er sich mit uns freut und mit uns traurig ist, aber all das wird anders erfahren werden als am Anfang des Trauerweges.

Immer mehr wird jetzt vielleicht die Dankbarkeit hervorbrechen, Leben mit demjenigen geteilt zu haben, von dem man Abschied nehmen mußte. Immer mehr wird jetzt zur Gewißheit, daß in der gemeinsamen Geschichte eine Kraft steckt, aus der heraus das neue Leben gestaltet werden kann.

Abschied – Aufbruch – Neuer Weg. Wer diese Stationen selber durchlebt hat, der kann anderen zugestehen, den Trauerweg in ihrem je eigenen Tempo zu gehen. Was mir an Riten und Zeichen wichtig geworden ist, kann ich dabei vielleicht anderen als Hilfe anbieten.

Überfordern Sie sich nicht. Versuchen Sie nicht, den dritten Schritt vor dem ersten zu machen. Vergessen Sie dabei aber auch nicht, daß Trauerbewältigung immer „Arbeit und Mühe" bedeutet. Sie erfordert die Bereitschaft zur Gestaltung der Trauer, erfordert rituelle Vollzüge des Abschieds. Versuchen Sie zu erspüren, was heute und hier für Sie passend ist. Was Ihrer Trauer „angemessen" ist, bestimmen Sie!

Aus einem Vergleich im Weisheitsbuch Jesus Sirach läßt sich ableiten, daß in der Trauerzeit keine Musik gespielt wurde: „Wie Musik zur Trauer ist eine Rede zur falschen Zeit" (Sir 2, 6), heißt es da. Bei uns zu Hause war das eine feste Regel: An Karfreitag oder in der gesellschaftlich vorgeschriebenen Trauerzeit wurde kein Radio angestellt und keine Schallplatte aufgelegt.

Dabei würden heute sicher viele aus eigener Erfahrung bestätigen, wie tröstlich eine Musik sein kann, wie sie dazu verhelfen kann, Trauer und Tröstung zum Klingen zu bringen. Für mich ist beispielsweise das „Requiem" von Gabriel Fauré eine solche Musik der Trauer und des Trostes zugleich geworden.

Riten dürfen nie zum Käfig werden, sie sollen Freiheit ermöglichen.

72

„Als die Tage der Trauer vorüber waren …" (so heißt es in der Bibel oft) oder schlicht: „Als die Trauer vorüber war …", kann – so läßt sich ergänzen – die Normalität der Lebensvollzüge wieder beginnen: Es darf alltäglich weitergehen.

Daß das so ist und daß Ihnen das vielleicht jetzt sogar ganz gut tut, sagt nichts aus über Ihre Liebe zu dem Menschen, um den Sie trauern. Sie müssen nicht mit dem Geliebten zusammen sterben. Lassen Sie sich das von Ihrer Umgebung nicht einreden.

Riten geben dem Abschiednehmen wie unserer konkreten Erinnerung, unserer gemeinsam erlebten Geschichte Raum in unserem Leben.

So haben wir als Kinder (ohne „Angeheiratete", „Lebenspartner" und „Freunde") zusammen mit unserer Mutter den 25. Jahrestag der Hochzeit meiner Eltern gefeiert: Wir haben gemeinsam das Grab besucht; wir waren in der Kirche, in der meine Eltern getraut wurden, und wir haben gemeinsam gegessen. Ein Tag, der uns mit dem Toten und uns Lebende miteinander verbunden hat.

Solche Riten sollten wir gemeinsam suchen – als einzelne, in unseren Familien, zusammen mit guten Freundinnen und Freunden, in den Pfarrgemeinden oder in der Nachbarschaft. Da gibt es dann Gelegenheiten zu trauern sowie solche, sich des lebendigen Miteinanders von Toten und Lebenden zu vergewissern.

Als Menschen, die trauern – um ihren verstorbenen Lebenspartner, um ihren Sohn oder ihre Tochter, um ihren verlorenen Beruf oder ihre verlorenen Lebenschancen oder um all diejenigen Menschen, die sie an das Leben verloren haben –, müssen wir dabei den je eigenen Weg finden, mit der Trauer „fertig" zu werden. Scheuen Sie sich nicht, dabei auch unkonventionelle Wege zu gehen! Wagen Sie es, Ihre ganz persönlichen Riten zu suchen. Was Sie für sich entdecken, wird Ihnen helfen, Abschied nehmen zu können.

… geht unter, geht auf

Ein Sonnenstrahl berührt die Erde
Das war ich:
Licht und Wärme für Euch

Mein Tod:
Die Sonne ging unter
Dunkel und kalt wollte es werden
ohne mich

Doch:
Mir ging eine neue Sonne auf
Ich bin heimgekehrt zum Licht

Tröstet einander!

Trauerriten – Erfahrungen mit Abschied und Weiterleben

Vielleicht geben Ihnen meine Erfahrungen Anregungen für Ihren eigenen Umgang mit Ihrer Trauer um Ihren geliebten Verstorbenen und mit dem Abschied von ihm oder ihr:

* An einem Abend habe ich den Kamin angemacht und die „erledigten" Papiere meines Mannes bewußt verbrannt.

* Ich war mit den Kindern, wie in den Jahren zuvor zusammen mit meinem Mann, am Meer in Urlaub. Dort haben wir Magneten in Ankerform gekauft, die wir als Mitbringsel verschenkt haben – ein Symbol für die Freunde: Bei euch möchte ich immer wieder ankern, einen „Anlaufhafen" finden.

* In diesem Urlaub war ich einmal alleine draußen am Strand. Da habe ich Geburts-, Hochzeits- und Sterbedatum meines Mannes in den Sand geschrieben, geweint und gewartet, bis die Wellen alles weggespült hatten. Das war ein kleiner Abschiedsritus.

* In diesen Urlaub habe ich auch den Fotoapparat meines Mannes mitgenommen, obwohl ich damit nicht umgehen konnte. Ich habe das Fotografieren ausprobiert und geübt: Jetzt sind Naturaufnahmen mein Hobby – ein Geschenk meines Mannes an mich nach seinem Tod.

* Zum Geburtstag schenkten die Jungs ihrem Papa eine Vogeltränke für das Grab. In seinem Leben hat mein Mann beruflich Biotope bauen lassen.

* Mit einem Freund zusammen habe ich eine Kornblume aufs Grab gepflanzt – Zeichen unserer gemeinsamen Dankbarkeit und Hoffnung.

* Viele Traditionen unserer Familie versuche ich mit den Kindern weiterzupflegen.

* Ein Lieblingslied meines Mannes hieß: „Wenn das Brot, das wir teilen, als Rose blüht." Eine Freundin brachte uns eines Tages eine Vase in Form eines Kreuzes, in deren Mitte eine Rose stand. Solche schönen Symbole kann man ja vielleicht manchmal auch selbst entdecken.

* Ich habe mir die alte Osterkerze aus der Kirche schenken lassen – als Symbol der Auferstehung auch meines Mannes brennt sie zu besonderen Gesprächen mit Freundinnen und Freunden oder zu bestimmten Anlässen.
* Die Kirschen werde ich in diesem Jahr nicht ernten; zu sehr gehörte mein Mann zur Ernte dieses Baumes dazu.

Anne Wibbeling

Besuche bei Trauernden

Im Judentum ist es Brauch, beim Besuch Trauernder runde Sesam- oder Eierbeugel als Kondolenzgabe mitzubringen. Joseph Roth erzählt in seinem Roman „Hiob. Roman eines einfachen Mannes" dazu von Mendel Singer, der seine Frau Deborah verloren hat:

Sieben runde Tage saß Mendel Singer auf einem Schemel neben dem Kleiderschrank und schaute auf das Fenster, an dessen Scheibe zum Zeichen der Trauer ein weißes Stückchen Leinwand hing und in dem Tag und Nacht eine der beiden blauen Lampen brannte. Sieben runde Tage rollten nacheinander ab, wie große, schwarze, langsame Reifen, ohne Anfang und ohne Ende, rund wie die Trauer.
Der Reihe nach kamen die Nachbarn: Menkes, Skowronek, Rottenberg und Groschel, brachten harte Eier und Eierbeugel für Mendel Singer, runde Speisen ohne Anfang und ohne Ende, rund wie die sieben Tage der Trauer.

Aus: Joseph Roth, Hiob, © 1974, 1982 by Verlag Kiepenheuer & Witsch Köln und Verlag Albert de Lange Amsterdam

Auch bei einem Kondolenzbesuch könnte ein solches Zeichen (vorausgesetzt, es wird durch einen Zettel oder eine mündliche Erklärung erschlossen) sinnvoll und hilfreich sein.
Der Besuch mit „Trauerbrot" findet nach einer gewissen Zeit statt. Er kann einerseits symbolisch ausdrücken, daß man jemandem wünscht, daß er am „harten Brot der Trauer" nicht erstickt. Er kann aber auch dem Trauernden signalisieren, daß man sich wünscht, daß er wieder am Leben teilnimmt.

Rezept für Sesambeugel

Backzeit: insgesamt ½ Stunde
Hitze: 225 und 150 Grad
Ofen vorheizen

20 g frische Hefe
½ TL Zucker
1 ½ Tassen lauwarmes Wasser
5 Tassen Roggenmehl
½ TL Salz
2 EL Öl
2 Eigelb
1 Tasse Sesam

Verrühren Sie Hefe und Zucker mit der Hälfte des Wassers, lassen Sie beides so lange stehen, bis sich Blasen bilden. Mehl, Öl, Salz und reichlich Wasser fügen Sie nun hinzu und vermengen die Zutaten so miteinander, daß ein glatter, elastischer Teig entsteht (evtl. müssen Sie dafür längere Knetzeit einrechnen).

Lassen Sie den Teig ein bis zwei Stunden ruhen und kneten Sie ihn dann noch einmal gut durch. Rollen Sie ihn in 1–2 cm dicke Würste, die ca. 20 cm lang sind. Formen Sie jedes Stück zu einem Ring und bestreichen Sie die Ringe mit (mit etwas Wasser verdünntem) verquirltem Eigelb.

Schütten Sie Sesam in einen flachen Teller und wenden Sie die Brotringe kurz darin (leicht andrücken!). Legen Sie die Ringe sofort auf ein gefettetes Backblech, bedecken Sie das Blech mit einem Tuch und stellen Sie es an einen warmen Platz. Die Ringe sollen auf das doppelte Volumen aufgehen. Im vorgeheizten Ofen backen Sie die aufgegangenen Ringe bei 225 Grad rund 15 Minuten, dann die Backofenhitze auf etwa 150 Grad reduzieren und die Brotringe noch einmal 15 Minuten bei dieser Hitze trocknen. Die Sesamringe müssen hohl klingen, wenn man mit den Fingernägeln leicht daraufklopft.

(Falls Sie die Zeit zum Selberbacken nicht haben, erhalten Sie die Sesambeugel in den meisten Fällen auch beim türkischen Kaufmann um die Ecke – die selbstgebackenen Ringe sind aber sicher ein Zeichen größerer Aufmerksamkeit.)

Dazu können Sie schriftlich oder mündlich folgende Aufschlüsselung mitgeben:

Sie trauern um einen Menschen. Endlos werden Ihnen die Tage und der Schmerz der Trauer vorkommen. Das „Brot der Trauer" ist ein hartes Brot, hart und bitter ... – Ich weiß, daß Worte in dieser Situation nur wenig sagen können. Sicher verletzt mancher Trost sogar mehr, als er zu trösten vermag. Um Ihnen zu zeigen, daß ich versuche, mich in Ihre Situation hineinzudenken, habe ich Ihnen dieses Brot gebacken. Es ist die Speise, die im Judentum Angehörigen und Freunden mitgebracht wird, die – wie Sie – einen Menschen verloren haben. Es möchte Ihnen deutlich machen, daß ich mich darum sorge, wie und woraus Sie weiterleben, was für Sie geistlich-geistige Nahrung auf diesem Trauerweg sein kann. Dieses Brot möchte Ihnen ein kleines sichtbares Zeichen für das sein, was ich Ihnen auch aussprechen möchte: „Aufrichtige Teilnahme" ...

Vielleicht ist es bei dem einen oder anderen auch möglich, ein kleines gemeinsames Ritual daraus zu machen. Sie könnten miteinander eine Zeit vereinbaren, in der Sie das Brot vorbeibringen. An diesem Abend würden Sie dann das Brot gemeinsam segnen, vielleicht einen Psalm beten und der oder des Verstorbenen gemeinsam gedenken.

Nicht nur an Gräbern ...

Orte der Erinnerung

Als ich im vergangenen Jahr eine Gruppe von Studienfahrern nach Israel begleitete, bat mich eine der Teilnehmerinnen schon zu Beginn der Reise, sich in der Holocaust-Gedenkstätte Yad Vashem von der Gruppe absetzen zu dürfen, um den nicht allzuweit entfernten Heldenfriedhof besuchen zu können. Sie möchte dort zum Grab eines Soldaten, sagte sie mir, ohne der Gruppe diesen Umweg aufzwingen zu wollen.

Um sie nicht ganz allein gehen zu lassen und – ehrlich gesagt – neugierig geworden, ging ich mit. Unterwegs erzählte sie mir dann, was sie zu diesem Friedhof ziehe. Vor einigen Jahren habe sie ein Buch über die „Operation Entebbe" gelesen, jene Befreiungsaktion der durch palästinensische Terroristen entführten Flugzeuginsassen. Durch dieses Buch sei sie dann auf einen jungen israelischen Oberstleutnant aufmerksam geworden, der als einziger diese dramatische Geiselbefreiung nicht überlebt habe. Im Zusammenhang damit habe sie die – leider nur in englischer Sprache – veröffentlichten Briefe dieses Soldaten entdeckt, in die er sehr viel über seine Lebensphilosophie, seine Gedanken zur Menschenführung und seine politischen Auffassungen habe einfließen lassen. All das habe sie so sehr fasziniert, daß sie immer, wenn sie in Israel sei, sein Grab besuche.

Inzwischen waren wir dort auf dem Heldenfriedhof angekommen und standen nun schweigend im israelischen Frühlingsregen da. Als ich spürte, daß meine Jacke dem Regen nicht mehr lange standhalten würde, begann ich, langsam schon ein Stück des Weges zurückzugehen. Und als ich noch einmal zurückblickte, sah ich dann, daß die junge Frau, als sie von dem Grab „ihres" israelischen Soldaten Abschied nahm, noch einmal mit sichtbarer Zartheit, ja Zärtlichkeit

80

über die regennasse Grabplatte streichelte – wie eine Mutter mit der Hand noch einmal über die Bettdecke ihres Kindes streicht, bevor sie dem Kind ihr „Schlaf gut" sagt und aus dem Zimmer geht.

Mich hat dieser flüchtige Blick damals sehr angerührt, fast sogar peinlich berührt – war ich doch Zeuge einer sehr intimen Szene geworden.

Was sich dort abspielte, spielte sich allein zwischen dieser Frau und dem dort beerdigten Toten ab. Niemand, der in diese innige Beziehung hätte einbrechen können!

Mir ist an dieser Begebenheit aufgegangen, wie wichtig und notwendig Orte sind, an denen die Erinnerung einen Platz finden kann. Da kommt eine junge Frau, die diesen israelischen Soldaten weder gekannt noch jemals getroffen hat, nur aus der Kenntnis seines Schicksals und seiner Briefe zu seinem Grab, um dort jene Beziehung aufzubauen und zu pflegen, die im Leben nicht möglich war.

Vielleicht haben Sie schon ähnliche Wege zurückgelegt: Wege zu Gräbern von Menschen, die Sie vielleicht nur von ihren Romanen oder ihren Kompositionen her kennen. Menschen, denen Sie nie begegnet sind, die aber für Ihr Leben so bedeutsam sind, als wären es Zeitgenossen von Ihnen. Ich selbst zum Beispiel lese für mein Leben gern Adalbert Stifter und habe bei einem Aufenthalt in Linz natürlich nicht geruht, bis ich sein Grab unter den vielen Gräbern des riesigen Friedhofs gefunden hatte.

Menschen brauchen, weil sie mit Sinnen ausgestattete Wesen sind, konkrete Orte, sichtbare und betretbare Räume, die buchstäblich zu „Anlaufstellen" werden können.

Alles Übersinnliche und Transzendente bedarf der Verortung. Überall, wo Menschen Altäre und Kirchen errichten, folgen sie demselben Bedürfnis: Sie wollen einen Ort schaffen, an dem Gottes Nähe und Gegenwart spürbarer wird als in der übrigen Welt.

Gräber stellen im Grunde nichts anderes dar: Sie wollen ein Ort sein, an dem die Nähe eines Menschen und seine Gegenwart – freilich auch sein Tod und seine Vergänglichkeit – erfahrbarer werden als an den anderen Orten dieser Welt.

Es gibt in unserer bundesdeutschen Gesellschaft einen Trend, sich anonym bestatten zu lassen. Mit dieser anonymen Bestattung ist verbunden, daß zunehmend traditionelle Orte der Trauer ein anderes Gesicht bekommen werden – oder vielleicht sogar ganz wegfallen. Der Kirchhof, der früher in der Mitte eines Dorfes, nämlich um die Kirche herum, angelegt war und der daher die Verstorbenen wie die menschliche Vergänglichkeit bei jedem sonntäglichen Kirchbesuch „augenfällig" machte, ist ja schon längst an den Rand der Dörfer und Städte gedrängt worden.

Die Anonymität, die heute bewußt gewählt wird, wurzelt sicher in der Verdrängung des Friedhofes an den Rand der Ortschaften und in negativen Erfahrungen mit unserer Friedhofskultur. Ganz anders dagegen ein Projekt in Köln, bei dem ich die Patenschaft für ein Grab und einen Grabstein aus dem vorigen Jahrhundert übernehmen kann – mit der Perspektive, dort später auch selber meine „Ruhestätte" finden zu können. So bleibt der Name des dort Bestatteten durch meine Patenschaft erhalten und verbindet sich zugleich mit meinem Namen – alles andere als eine frei gewählte Anonymität, hinter der letztlich vielleicht nur die Angst steht, niemand würde später mein Grab pflegen.

Auch ich kenne verwahrloste Gräber, nach denen niemand sieht. Oder – oftmals schlimmer – auch die Grabstellen, an denen einer mit dem anderen um die größte, schönste, teuerste Ausstattung konkurriert. Aber für mich sprechen diese negativen Erfahrungen nicht gegen eine bewußte Bestattungs- und Friedhofskultur.

Ich wünsche mir für mich selbst einen Grabstein, auf dem mein Name steht. Und, wenn die Kosten dafür nicht zu hoch sind, dann wünsche ich mir, daß auf dem Grabstein noch etwas mehr zu lesen ist: ein Spruch, den ich selbst oder den meine Freundinnen und Freunde für mich ausgesucht haben, etwas, das meinen Glauben, mein Leben, mein Sterben noch einmal in Worte faßt – eine Flaschenpost, die ich ins Meer der Zukunft werfe.

Ich möchte möglichst auch nicht verbrannt, sondern beerdigt werden. Aber ich könnte mir schon vorstellen, wenn ich eine Verbindung zum Meer hätte, meine Asche dort ausstreuen zu lassen. Nur eben auch dies nicht mit der Begründung, niemandem zur Last fallen zu wollen. Ich möchte, daß es Menschen gibt auf meinem letzten Weg – und Worte, denn Worte waren mein Leben lang wichtig für mich. Ich will nicht wort- und sprachlos verscharrt werden.

Mir fällt ein Gedicht von Erich Fried aus seinem Band „Warngedichte" ein, der dort schreibt:

Ein Hund
der stirbt
und der weiß
daß er stirbt
wie ein Hund
und der sagen kann
daß er weiß
daß er stirbt
wie ein Hund
ist ein Mensch.

Und als solcher Mensch will ich auch nach meinem Tod behandelt werden. Selbst wenn mich keiner mehr kennt, wenn ich nach all meinen Bekannten sterben sollte, wenn es nur noch die Abschiedsworte eines mir nicht bekannten Pfarrers oder Grabredners für mich gäbe, wollte ich nicht wie ein Tier verscharrt werden. Ich möchte für meinen toten Leib einen letzten Ort haben. (Auch wenn dieser „letzte Ort" selber wieder nur beschränkt ist auf wenige Jahre.) Ich möchte, daß wenigstens so die Einmaligkeit meines Lebens und Sterbens einen Ausdruck bekommt.

Beim Schreiben dieser Zeilen denke ich an die Beerdigung eines Obdachlosen: Der Gottesdienst für ihn war – trotz Protests der Angehörigen – mit dem für eine vornehme, reiche

Frau zusammengelegt worden. Seine Freunde standen hinten in der Kirche und gaben ihm das letzte Geleit. Damals habe ich gespürt, wie wichtig ihnen dieses Zeichen war und daß darin ein letztes Mal die Würde ihres Freundes zum Ausdruck kam.

Ich denke aber auch an die Friedhöfe, über die ich spaziert bin. Ja, *spaziert*! Diese besinnliche Art, über einen Friedhof zu gehen, gelingt mir aber zumeist nur da, wo niemand von den Menschen begraben ist, die ich geliebt habe.

In seinen Tagebuchaufzeichnungen (vom 1.–2. November 1972) beschreibt der Tübinger Alttestamentler Fridolin Stier einen solchen Gang über den Friedhof seiner Heimatstadt:

Besuch auf dem Friedhof. Fast alle, über hundert, die da liegen, habe ich von Angesicht gekannt: die in zwei Weltkriegen gefallenen jungen Männer, nur ihre Namen und das Land ihres Todes, Frankreich oder Rußland, stehn auf der steinernen Tafel, ich seh' sie vor mir; von vielen, die unter den stupiden, plump gemetzten, klobigen Steinen hinmodern, kenne ich ein Stück Lebensgeschichte, Schicksale, Streiche, Skandale; von manchen habe ich noch die Stimme im Ohr, wie sie lachten, wie sie redeten; einige gingen wie schweigend durch die Jahre, leise Männer und Frauen, ich sehe nur ihre stillen Gesichter vor mir. ... Und da liegen die Eltern, die Brüder und der junge Neffe ... Gut, mit allen in Frieden und Freundschaft gelebt zu haben. Dann ist der Friedhof auch für den Lebenden ein ‚Hof des Friedens'.

Ebenso hält Wolfdietrich Schnurre in seinem Buch „Was ich für mein Leben gern tue" fest:

Mittags den alten Jüdischen Friedhof besuchen. Die ungewohnte schwarze Kopfbedeckung ist ein wenig zu groß; der Pförtner hat so schnell nicht Augenmaß nehmen können, wie man an ihm vorbeiging; nun ist der Kreppapierrand bis tief auf die Brauen gerutscht und hat zwischen Himmel und Stirn eine scharfgezogene Grenze gesetzt.
Die endlosen, blattüberdachten Wege, die an den Gräbern vorbei in eine hitzeflimmernde Unendlichkeit führen, sind leer. Es herrscht

84

eine Stille ringsum, daß man die Zehen der Eidechse, die sich ruck-
weise über den Kies schiebt, deutlich die winzigen Steinchen weg-
schaben hört. Jeder Vogel hier schweigt; was erst wie der monotone
Regenruf des Buchfinken klang, stellt sich als tropfende Wasserlei-
tung heraus.
Denn die Vergänglichkeit hat keine Stimme; was sie sagen möchte,
schreibt sie mit Moos auf eingesunkene Grabplatten nieder. Und die
hier ihre Toten begruben, haben verstanden, wie sinnlos es ist, die-
ser zeitlosen Sprache etwas zeitlich Begrenztes entgegenzusetzen.
[...]
Hier, vor den eingestürzten Gruften und den unkrautüberwucher-
ten Grabmalen wird einem aber auch noch etwas anderes klar: die
Hinnahme dessen, was Endlichkeit heißt.[...]
Und doch gibt es auch vor solcher Wahrheit noch ein Zeichen stum-
men Erinnerns. Man legt einen Stein auf die Grabplatte nieder, um
darzutun, es hat ein Freund oder Verwandter des Toten die Stätte
besucht. Und auch man selber hat hier seine Freunde. Keiner von
ihnen ist einem bekannt, und man hätte auch noch nicht einmal den
Mut, sie im Herzen wenigstens lebendig werden zu lassen; so muß
man sich jetzt an ihre Grabsteine halten.

Aus: Wolfdietrich Schnurre, Was ich für mein Leben gern tue. Autobiogra-
phische Hand- und Fußnoten, Ullstein – TB 26028; Frankfurt, Berlin, Wien
o.J., S.19–20

Ein Gang über den Friedhof in meinem Heimatort vermittelt
nichts von dieser Stimmung: Er könnte ebenso ein Ausstel-
lungsplatz der ortsansässigen Steinmetze sein. Nirgends gibt
es einen unbeobachteten Platz, einen Schutz vor Sonne,
Wind und Regen, eine Möglichkeit für ein geschütztes Gespräch mit den Toten oder für ein Gebet.
Die „schönen" Friedhöfe wirken da ganz anders. Sie haben
mich still und nachdenklich werden und mein Leben gelas-
sener betrachten lassen. Sie laden mich ein zum Gebet für
die Verstorbenen und zur Besinnung über mein Leben.
Beim Gang über einen Friedhof lese ich gerne die Inschrif-
ten auf den Grabsteinen.
Gestorben 1896, gestorben 1915, gestorben 1947, gestorben

1988 ... „Was mag diesen Menschen bewegt haben? – Über was hat er sich wohl aufgeregt?" frage ich mich, wenn mich selbst Sorgen umtreiben. „Was davon ist jetzt noch wichtig?" denke ich und spüre, daß es mit vielem, was mich beunruhigt, auch so ist: Es relativiert sich angesichts unserer, angesichts meiner (!) Vergänglichkeit. Es bekommt einen angemesseneren Stellenwert.

Auf vielen Grabsteinen steht: „Ruhe in Frieden". Diese Idee, vom Kampf des Lebens ausruhen zu können, ist schon im alttestamentlichen Israel mit dem Begräbnis verbunden worden. Gräber wurden schon in der Bibel und werden ja auch heute noch von uns „Ruhestätten" genannt.

Um diese Ruhe zu gewährleisten, wurden Grabstellen zu allen Zeiten zu geschützten Orten erklärt. Bei ihrem Besuch waren bestimmte Verhaltensweisen und bestimmte Kleidung vorgeschrieben.

Manchmal wurden Tote beziehungsweise deren Gebeine unter heiligen Bäumen beerdigt (1 Sam 31, 13; Ri 4, 5; Gen 35, 8): Symbolisch wird so der oder die Verstorbene in den bergenden Schoß der Mutter Erde zurückgegeben, die im Baum repräsentiert ist. Ich finde, daß man das auf Waldfriedhöfen heute noch sehr deutlich spüren kann: Sie atmen besondere Ruhe, Geborgenheit und Heiligkeit.

Grabstätten durften nicht entehrt werden, weil sie als heilige Stätten galten. Ein anderer Grund dafür war freilich auch der, daß Menschen Ängste mit den Begräbnisorten verbanden.

Beides gehört vielleicht zusammen: Verbundenheit mit den Toten und Ehrfurcht, Erschrecken vor der Sterblichkeit, das Gefühl, eingebunden zu sein in einen größeren Zusammenhang, Angst vor dem Schmerz angesichts des „letzten Ortes" und Furcht vor der Unbegreiflichkeit des Todes.

Friedhöfe sind so unterschiedlich: Von all dem, was Menschen im Angesicht des Todes fühlen, von kultureller Unterschiedlichkeit, von Glauben und Zweifeln, von Hoffnung und Fassungslosigkeit, von Geistlosigkeit und Gleichgültig-

keit können sie etwas spiegeln. So unterschiedlich die Menschen sind, so unterschiedlich sind ihre Friedhöfe!
Faszinierend finde ich immer noch Grabsteine, die mit Fotos versehen sind. Für einen Moment gewinnt aus der Masse der Toten dieser eine, mir völlig Fremde, ein Gesicht. Ich empfinde so etwas wie Verwandtschaft: ein Mensch! Erna Moser. Karl Schmidt. Ein ganz konkretes Leben – ein arbeitsamer Mensch, einer, der lange verheiratet war, eine Witwe, die sich mühsam ihren Lebensunterhalt verdient hat, ein kinderreiches Paar … Ich spüre etwas von der Tragik des Todes für diejenigen, die diesen Menschen liebten und weiterleben.
Manche Sprüche, die auf den Grabsteinen zu lesen sind, atmen noch etwas von der Hoffnung, die diesen Verstorbenen hat leichter sterben lassen. Manche Zeichen erzählen vom Beruf oder den Vorlieben dieses Menschen. Manche Grabbeigaben vermitteln mir etwas von der Beziehung der Lebenden zu diesem Toten – und sei es nur das bunte Windrad, das die Eltern auf das Grab ihrer Tochter Inka gestellt haben. Mir geht es so, daß ich, um einen Menschen zu begreifen, nicht nur etwa die Romane eines Autors lesen oder die Kompositionen einer Musikerin hören muß: nein, richtig lebendig wird er oder sie für mich erst dann, wenn ich sein Grab, ihr Geburtshaus oder den sonstigen Lebensraum besucht habe. Erinnerung braucht immer irgendeine Form von „Verortung".
Darin klingt ein anderer Aspekt an, der ganz wichtig ist und möglicherweise mißverständlich sein könnte: Das Grab ist natürlich nicht der einzige Ort, an dem ich die Nähe eines verstorbenen Menschen spüren kann, an dem ich ihm begegnen kann.
Ein Mann sagte mir einmal ganz unvermittelt in einem Beratungsgespräch: „Für mich ist meine Frau immer noch in unserem Garten, den sie so sehr geliebt hat. Auf dem Friedhof – nein, da ist sie für mich nicht …"
Jede/r muß selber entdecken, was für ihn beziehungsweise für sie ein solcher Ort des Gedächtnisses sein kann, wo sich

Gefühle und Gedanken immer wieder verdichten und buchstäblich auf den Punkt bringen lassen. Manchem hilft es eben, jeden Tag zum Friedhof zu gehen, gute und schlechte Tage zum Grabe des Menschen zu tragen, mit dem man sich im Leben eng verbunden fühlte. Manche können, ja mögen gar nicht zum Friedhof gehen – erst recht nicht jeden Tag. Ihnen erscheint er wie ein fremder, kalter Ort, der mit ihrem Leben und mit dem Leben, das sie mit dem Menschen, um den sie trauern, geführt haben, nichts mehr zu tun hat.

Beide Umgangsformen mit Friedhöfen als Orten des Gedächtnisses und der Erinnerung haben ihre Berechtigung. Ein Mensch, der um einen anderen Menschen trauert, hat das Recht, mit den Orten und Formen seiner Erinnerung so umzugehen, wie es für ihn und seine Situation hilfreich ist.

Dies gilt auch dann, wenn Mitmenschen immer wieder meinen, Trauernden mehr oder weniger direkt vorschreiben zu können, wie sie eigentlich zu trauern hätten: „Die könnte ruhig mal mehr zum Friedhof gehen." – „Der hat sich ja schnell über den Tod seiner Frau hinweggetröstet." – „Wenn deren Mann sehen könnte, wie die heute hier herumläuft, dann würde er sich im Grabe herumdrehen." Oder Mitmenschen regen sich darüber auf, wie Angehörige das Grab gestalten: „Hast du diesen protzigen Stein gesehen? – Die mußten schon immer eine Extrawurst haben." – „Was soll denn dieses Kinderspielzeug auf dem Grab?" Solche Sätze fallen leider immer noch, wenn über Trauernde gesprochen wird. Lassen Sie sich dadurch nicht davon abbringen, Ihren Ort des Gedenkens nach Ihren Vorstellungen zu gestalten!

Ich weiß, daß Sie solche Aussagen auch dann zu spüren bekommen, wenn sie Ihnen nicht direkt auf den Kopf zugesagt werden. Ich glaube aber, daß Sie als konkrete Person oft gar nicht gemeint sind.

In solchen Sätzen drückt sich wohl auch das Bedürfnis nach gemeinsamen, allseits akzeptierten Formen im Umgang mit Trauernden aus: ein Bedürfnis nach Sicherheit und Einordnung der Lebenden. Der Tod betrifft nicht nur den einzelnen, der ihn erleidet, sondern immer hat er irgendwie etwas mit der Menschheitsgemeinschaft zu tun. Der Tod gefährdet die Konventionen, er kehrt die Welt um – wie auf den Totentanzdarstellungen des Mittelalters und der Barockzeit. Und weil schon der Tod so gefährdet, soll wenigstens beim Umgang mit den Toten niemand aus der Reihe tanzen. Diese Art Ordnung hilft einordnen. Und so angstvoll gerade die Aufhebung der Individualität im Tod erlebt wird, so wird sie manchmal bei der Grabgestaltung – wie eine letzte Gerechtigkeit – eingefordert: Wenigstens hier soll nicht mehr das individuelle Leben, sondern nur noch die gemeinsame Sterblichkeit zum Ausdruck kommen.

Wie dem auch sei: Wenn sich mehr Menschen trauen, ihre Gedächtnisorte nach ihren Vorstellungen zu gestalten, wird das auch akzeptierter, weil selbstverständlicher werden.

Der Ausfall jeglicher Formen und Riten im Umgang mit Verstorbenen, das Fehlen konkreter Orte des Gedächtnisses wäre ein echter Kulturverlust und ebenso ein Verlust an Menschlichkeit.

Das Bedürfnis, Menschen zu bestatten, ist so alt wie die Menschheit. Zunächst wurden wohl nur Erdhügel über den Toten aufgeschüttet, nicht zuletzt um sie vor Tieren zu schützen.

Wind und Regen ebneten diese Erdhügel ein, so daß die Grabstätten nicht mehr erkennbar waren. Also kennzeichnete man dann den Bestattungsort durch Steine und entwickelte schließlich einen Totenkult, einen Umgang mit dem Toten, der die Bestattung einerseits und andererseits die Lebenszeit der Erinnernden umfaßte.

Für die Israeliten war es erstrebenswert, von der eigenen Familie in einem Grab bestattet zu werden. Und das sollte möglichst auf eigenem Grund und Boden liegen. Deshalb kauft Abraham bei Hebron ein Grab – vermutlich eine Felshöhle – und das umgebende Land für seine tote Frau Sara (Gen 23). Und dies ist das erste Stückchen eigenes Land, das

Abraham besitzt in dem Land, in das Gott ihn geführt hat. Mag sein, daß das nicht das wesentliche Motiv dieser Erzählung ist. Doch in diesem Grab findet Sara „Heimat" und „Ruhe" – und in der Umgebung dieses Grabes auch ihre Angehörigen. Dort werden späterhin einige andere Patriarchen begraben werden: Familiengräber dienen also auch als Zeichen familiärer Zusammengehörigkeit. „Hier sind unsere Wurzeln", wissen die Lebenden. Etwas, das Menschen wohl bis heute noch so erleben und praktizieren.

Der alte Barsillai aus Gilead im Ostjordanland – Sie erinnern sich? – bekommt als Belohnung für eine Hilfeleistung angeboten, mit König David nach Jerusalem zu ziehen und dort sorglos seinen Lebensabend zu verbringen. Doch er sagt: „Dein Knecht möchte [...] in seiner Heimatstadt beim Grab seines Vaters und seiner Mutter sterben" (2 Sam 19,38).

Mit dem Grab verbinden Menschen Heimat. Auch das ist etwas, das in der gesamten Menschheitsgeschichte begegnet. Wie weit ich auch in der Welt herumgekommen sein mag, begraben werden möchte ich in der Erde, von der ich buchstäblich gekommen bin: in meinem Heimatort. Das haben Menschen immer wieder empfunden.

Für mich bindet sich an diese Erde ungefähr die Erfahrung, die der „Grüne Heinrich" in Gottfried Kellers gleichnamigem Roman so beschreibt:

Der kleine Gottesacker, welcher sich rings an die trotz ihres Alters immer schneeweiß geputzte Kirche schmiegt und niemals erweitert worden ist, besteht in seiner Erde buchstäblich aus den aufgelösten Gebeinen der vorübergegangenen Geschlechter, es ist unmöglich, daß bis zur Tiefe von zehn Fuß ein Körnlein sei, welches nicht seine Wanderung durch den menschlichen Organismus gemacht und einst die übrige Erde mit umgraben geholfen hat.

Es scheint fast so, als sei die Verwesung gleichsam der Boden, auf dem das neue Leben wachsen kann.

Im Mittelalter hatte man dafür noch ein sehr viel stärkeres Bewußtsein: Der Friedhof war nicht nur der Ort, wo Zuflucht

90

und Asyl der Lebenden nicht gebrochen werden durften, sondern auch ein Ort des Handels und der Feier. Erst als solcher kann der Friedhof ein Stück Heimat symbolisieren.

Für andere wiederum ist es überhaupt kein Thema, in heimatlicher Erde begraben zu werden. Sie sagen: Beerdigt mich da, wo ich sterbe; mein Gedächtnis könnt ihr auch anderswo begehen.

Im ersten Teil unserer Bibel gibt es beide Denkrichtungen. So will beispielsweise Noomi, die jahrelang im Land Moab gelebt hat, in ihre Heimat Israel zurückkehren, um dort zu sterben, um dort begraben zu werden, wie das Buch Rut erzählt. Dafür verläßt sie sogar den letzten Ort, der sie mit ihrem Mann und ihren Söhnen verbindet, denn die liegen allesamt in Moab begraben. Und andererseits ist da Rut, ihre moabitische Schwiegertochter, die bereit ist, ihre Heimat – und das Grab ihres Mannes – zu verlassen, um mit ihrer Schwiegermutter nach Israel zu gehen: „Wo du stirbst, da sterbe auch ich, da will ich begraben sein", sagt sie. Die Liebe ließ halt zu allen Zeiten Menschen mit Konventionen brechen.

Die Bestattung bedeutet Ehrung des Toten und seines Lebenswerkes. „… dem Toten versag deine Liebe nicht!" fordert das um 180 vor Christus entstandene Buch Jesus Sirach. Nicht bestattet zu werden bedeutet demgegenüber Fluch, ist eine Entehrung des Verstorbenen und seiner Angehörigen. So droht der Prophet Jeremia (22,19) dem König Jojakim, der den Frondienst in Israel wieder einführte, das Strafgericht an mit den Worten: „Ein Eselsbegräbnis erhält er, wird fortgeschleift und hingeworfen außerhalb der Tore Jerusalems", das heißt: auf dem Abfallplatz vor der Stadt, wo normalerweise Tierkadaver von aasfressenden Vögeln und herumstreunenden Tieren gefressen wurden.

Eine biblische Erzählung aus dem dritten Jahrhundert, das Buch Tobit, hat die Bestattung als Werk der Barmherzigkeit und Solidarität zum Grundmotiv: „Wenn der König Sanherib jemand umbringen ließ, nachdem er fliehend aus Judäa gekommen war, begrub ich (Tobit) ihn heimlich" (Tob 1, 18). Tobit übertritt also das vom König verhängte Bestattungsverbot, das die Toten entehren soll – und verliert dadurch Besitz und Heimat. Am Ende geht die Geschichte natürlich gut aus: Die Solidarität mit den Toten wird vielfach belohnt.

Tote zu bestatten und die Bestattungsorte zu schützen geschieht um der Lebenden willen. Es hilft uns, mit Schmerz, Trauer und Verlust leben zu lernen. Dieser letzte Schutz menschlicher Würde geschieht um unserer eigenen Würde willen.

Meine Gedächtnisorte

• Welche Orte sind für mich „sprechende" Gedächtnisorte?
Woran „erinnert" mich dieser Ort?
Zwingt er Erinnerungen auf?
Woran will ich mich erinnern?
Was tue, denke, fühle ich an diesem Ort?

• Welche „Färbung" haben meine Gedächtnisorte:
Erfüllt dieser Ort mich
– mit Trauer?
– mit bunten Bildern?
– mit Wärme?
– mit Ruhe?
– mit Fluchtgefühlen?
– mit Angst?
– mit Gelassenheit?
– mit wohltuender, lebendigmachender Gegenwart?

• Wie oft mag ich an diesem Ort sein?

• Wie gut kann ich diesen Ort verlassen?

• Von welchen Orten sollte ich mich verabschieden? Warum? Wie könnten Schritte dieses Abschieds aussehen?

Schreiben Sie all Ihre Gedanken und Gefühle auf. Vielleicht versuchen Sie auch einmal, Ihrem Gedächtnisort wirklich Farben zu geben: Nehmen Sie sich Buntstifte oder Wasserfarben zur Hand und ein großes Blatt Papier.
Beim Malen spüren Sie vielleicht, daß Ihre Erinnerung, Ihr Ort des Gedenkens doch nicht nur schwarz aussieht ...
Schreiben oder Malen kann Ihnen helfen, sich zu orientieren. Sie können erkennen, wo Orte Sie „beherrschen", aber auch, wo wohltuende Erinnerung daheim ist.

Wege durch den Stein

Ich habe Christel Schmidt nicht gekannt. Aber ihr Grabstein verrät mir mehr über sie, als daß sie nur einundfünfzig Jahre alt geworden ist.

Christel Schmidt hat Elefanten über alles geliebt – und deren Darstellungen in allen Formen und Farben gesammelt. Auf ihrem Grabstein mußte deshalb fraglos auch ein Elefant „trompeten" – wie zum Protest, daß Christel all ihre gesammelten Elefanten verlassen mußte.

Ich stelle mir vor, daß Christel Schmidt ein sehr angenehmer, sanfter Mensch gewesen ist, ein Mensch mit Sinn für Ästhetik und Form, wie ihr Grabstein es ausdrückt. Ihr Leben mag einmal wie eine breite Straße vor ihr gelegen haben, alle Türen mögen ihr offengestanden haben. Ihr Weg hat sich dann verengt, drohte vor einer Mauer, vor undurchdringbarem Stein zu enden. Ob Christel Schmidt eine schwere Krankheit zu bestehen hatte, weiß ich nicht, aber ich spüre etwas von der Enge, die der Weg nimmt. Doch plötzlich öffnet sich der Stein, weitet sich zum Durchgang, zur Passage, die Übergang ermöglicht.

Die hier nicht sichtbare Seite des Grabsteins zeigt, wie der Weg sich nach dem „Nadelöhr", durch das er geführt wird, vielfältig ausweitet, geradezu ausstrahlt in viele Richtungen hin. Der Tod mag für Christel Schmidt ein solches Verständnis gehabt haben: Durchgang, Veränderung, Auffächerung. Wie ein Prisma, das den einfarbigen Lebensstrahl in einen vielfältigen Regenbogen aufbricht …

Wie gesagt: Ich habe Christel Schmidt nicht gekannt, aber sie hat mir auf eine stille Art viel zu sagen durch die Botschaft ihres Grabsteins – über ihren Tod hinaus …

Mir in die Hände gelegt ...

Hinterlassenschaften – Erinnerungsstücke

Weil der Tod ein Abschied ist von dieser Welt und all ihrem Treiben, ist es nötig, daß der Mensch sein zeitliches Gut ordentlich verteile, wie es sein muß oder wie er es anzuordnen gedenkt, damit nicht bleibe nach seinem Tod Ursache für Zank, Hader oder sonst einen Irrtum unter seinen zurückgelassenen Freunden ...

Von Martin Luther stammt dieses Wort. Es bildet den Beginn seines 1519 entstandenen „Sermons von der Bereitung zum Sterben". Für Luther scheint die erste Stufe der Vorbereitung auf den eigenen Tod die zu sein, seine Hinterlassenschaften zu ordnen. Dies, so schreibt er, „ist ein leiblicher und äußerlicher Abschied von dieser Welt, und es wird Lebewohl und Abschied gegeben dem Gut".

Sein Testament zu machen bedeutet, darin einzuwilligen, daß das Leben nach mir ohne mich weitergeht.

Meine alte Freundin hat begonnen, all ihre Habe auszusortieren, wegzuwerfen, was nicht mehr brauchbar ist, und wegzugeben, was sie nicht mehr benötigt. All ihre Papiere hat sie geordnet, ihre Beerdigung organisiert, ihr Testament geschrieben, jemand mit der Auflösung ihres Haushalts beauftragt ... Das hat sie viel Energie gekostet, aber sie wollte, daß für ihren Tod alles „geregelt" ist.

Eine bewundernswerte Haltung!

Sich wirklich zu fragen, wem ich im Falle meines Todes einmal was vererben werde, gehört in der Tat zu den ernstesten Formen der Vorbereitung auf das eigene Sterben.

Wer etwas hinterläßt, stellt sich wohl vor allem zwei Fragen: Was ist mir – erstens – so kostbar, daß ich es hinterlassen und weitergeben will? Und wer ist mir – zweitens – so nah, daß er mein Vermächtnis schätzen und weitertragen wird?

Während ich dies schreibe, fällt mein Blick auf das Foto meines verstorbenen Großvaters. Davor habe ich seinen Kugelschreiber gelegt, der zu seinen Lebzeiten für mich als Kind eines seiner unentbehrlichen Requisiten darstellte. Wie oft habe ich ihn damit Kreuzworträtsel lösen, Briefe schreiben und Formulare ausfüllen gesehen. Ich weiß nicht mehr, ob es der schwarz-silberne Kugelschreiber war, der mich als kleiner Junge so faszinierte, oder die sichere, große Hand, in der dieses Schreibgerät verschwindend klein ruhte, um gestochen scharfe Buchstaben aufs Papier zu bringen. Damals habe ich wohl begonnen, eine frühe Ahnung von Ästhetik und Präzision zu entwickeln.

Mein Großvater hat mir seinen für mich so außergewöhnlichen Kugelschreiber nicht hinterlassen. Er hat mir gar nichts hinterlassen – nicht bewußt zumindest. Sein Tod kam für ihn wohl ebenso überraschend wie für uns. Für mich war es in den Jahren nach seinem Tod sehr schmerzlich, nichts Greifbares zu haben, von dem ich wußte: Das hat mein Opa mir über sein Leben hinaus in die Hände gelegt, das kann ich weitertragen. Nichts Greifbares wohlgemerkt! Erinnerungen gibt es genug – aber je unbegreifbarer der Tod eines geliebten Menschen ist, um so mehr brauchen die, die zurückbleiben, wohl etwas Greifbares, das von ihm zurückgeblieben ist. Vielleicht habe ich deshalb bei meinen Eltern irgendwann Anspruch auf besagten Kugelschreiber angemeldet. In diesem kleinen Gegenstand aus dem Alltag meines verstorbenen Großvaters lebt sein Gedächtnis in meinem Alltag fort. Er setzt etwas von der Nähe dieses verstorbenen Menschen gegenwärtig, die ich mal mehr, mal weniger spüre.

Etwas in dieser Welt zu hinterlassen – davon träumen wohl alle Menschen. Ein Ehepaar, das über seinen unerfüllten Kinderwunsch trauert, hat es einmal so ausgedrückt: „Die Grundfrage, die uns umtreibt, ist halt die, welche Spur wir beide überhaupt in dieser Welt hinterlassen werden."

Kinder galten wohl in der gesamten Menschheitsgeschichte als Unterpfand fürs Weiterleben. Im Alten Orient bedeutete Kinderlosigkeit deshalb den vorweggenommenen „sozialen Tod" einer Frau.

97

„Man lebt nur in seinen Kindern weiter", sagen mir manche auch heute noch. Das stimmt insofern, als Kinder „ein Stück von uns" sind. Wer trägt schon mehr von mir und meiner Art, meinen Gedanken und meinem Wesen weiter als „das eigene Fleisch und Blut"? Kinderlosigkeit wurde und wird daher mit Recht auch als besonders hartes Schicksal von denen empfunden, die sich Nachwuchs wünschen.

Doch auch ich als Kinderlose/r möchte eine „Spur" in dieser Welt hinterlassen, möchte vermeiden, daß Zeit und Zufall sang- und klanglos über mich hinweggehen.

Erinnerung braucht wohl immer eine Trägersubstanz, etwas, das sie transportiert und aus dem sie immer wieder neu gewonnen werden kann. Kinder können das sein, aber auch ein Kugelschreiber, ein Foto, eine Muschel … Alles Mögliche kann Transportmittel der Erinnerung an einen geliebten Menschen sein, mehr noch als das, was an gewußten Daten über jemanden vorhanden ist.

Einer meiner Lieblingsschriftsteller, Adalbert Stifter, und seine Zeit sind weit über hundert Jahre „begraben". Ich weiß kaum etwas von ihm, nur das, was seine Biographen über ihn zusammengetragen haben. Aber was sagen schon solche Lebensdaten? Wenn ich seine Erzählungen lese, beginnt er selber zu sprechen, obwohl ich nie den Klang seiner Stimme gehört habe und seine Zeit und seine Lebensvorstellungen nicht mehr die meinen sind.

„Ja nun – das war halt ein Schriftsteller", werden Sie sagen. „Der konnte sich besonders gut ausdrücken. In einem Roman, einer Erzählung, einem Gedicht setzt sich so einer ein Denkmal." Aber geschieht diese Art der Vergegenwärtigung nicht auch bei alltäglichen Zeugnissen von Menschen?

Beim Durchsehen alter Fotos und Briefe meiner Großeltern fand ich einen Brief meines Opas, den er 1960 aus Athen an meine Großmutter geschrieben hat. Auf Montage war er damals in Griechenland – ausgerechnet über Weihnachten. Er beschreibt den Heiligen Abend in der fremden Umgebung,

98

die Freundlichkeit der Gastfamilie und das seltsam ambivalente Gefühl zwischen Heimweh und mediterraner Weihnachtsstimmung.

Eben habe ich den Brief wieder durchgelesen: die beinahe gemalten Buchstaben, die engzeilig aneinandergereihten Wörter. Ich kann es vor mir sehen, wie mein Großvater dagesessen haben mag, Wort an Wort reihend, in seiner typischen Schreibhaltung – wie oft habe ich ihn so dasitzen sehen! Immer wenn ich diesen Brief lese, sehe ich all das wieder vor mir, fühle wieder seine zwischen Autorität und Kameradschaft schwebende Nähe. „Ja, so war er. Das war mein Großvater – unverwechselbar", denke ich dann.

Aber es muß nicht einmal eine schriftliche Spur sein, die mir von einem Verstorbenen bleibt. Von meinem Urgroßvater besitze ich immer noch eine lederne Geldbörse, überdimensional groß, mit einer fast völlig verrosteten Bügelschließe. Ich bin meinem Urgroßvater nie von Angesicht zu Angesicht begegnet, aber wenn ich über das alte, brüchige Leder seiner Geldbörse streiche, spüre ich ein wenig seine Nähe, sehe seine Finger das sicherlich nicht viele Geld hineinzählen; vielleicht hat er daraus auch hin und wieder seinem Sohn, meinem Großvater, ein paar Groschen zugesteckt. So ist das wohl – Worte und Taten, Bilder und Gegenstände rufen und halten Erinnerungen wach. Sie bringen uns einen Teil dessen zurück, was uns der Tod genommen hat.

Millionen von Menschen werden in Erinnerung behalten, wie Izhak Rabin, der israelische Ministerpräsident, unmittelbar vor seiner Ermordung am 4. November 1995 zusammen mit der Sängerin Miri Alloni bei der großen Kundgebung für den Frieden in Tel Aviv das „Friedenslied" gesungen hat – er, der sich mit nichts schwerer getan hat, als tanzen und singen zu müssen.

Nach dem Attentat auf diesen bedeutenden Architekten des Friedens ist das „Friedenslied" zu „seinem" Lied geworden. Wo immer es inzwischen in Israel von Jugendlichen gesungen wird, da ist er selber wieder nah, da sind seine Gedanken des Friedens und der Versöhnung wieder in den Köpfen und Herzen.

Menschen brauchen solche Erinnerungsspuren. Sie brauchen etwas, das die Erinnerung spürbar und greifbar macht. Etwas, das mit der Erinnerung die Nähe wieder zurückbringt und diese Nähe mitteilbar und nachfühlbar macht.

Wenn sich Menschen dazu entschließen, sich in ihrer Trauer in einem meiner Gesprächskreise oder in Einzelgesprächen begleiten zu lassen, vereinbaren wir beim dritten oder vierten Kontakt, beim nächsten Treffen doch einmal etwas mitzubringen, das ihnen der Mensch, um den sie trauern, hinterlassen hat und das deshalb für sie eine besondere Bedeutung bekommen hat.

Eine Frau brachte die Armbanduhr ihres Mannes mit – ihr Hochzeitsgeschenk an ihn. Damals sollte sie ein Zeichen für den Beginn der gemeinsamen Zeit sein – heute erinnert sie an die gemeinsam verbrachten Stunden, Tage und Jahre, an gute und schlechte Zeiten. Für Frau L. stellt die Uhr, die ihr Mann ihr hinterlassen hat, heute auch einen Auftrag dar, ihre Zeit und ihre Zukunft im Sinne ihres verstorbenen Partners zu gestalten. Das bedeutet für sie kein Anklammern an die Vergangenheit, sondern ihre Trauer bewußt anzugehen und sie aktiv zu gestalten.

Der Umgang mit Hinterlassenschaften spielt bei der Bewältigung der Trauer eine ganz entscheidende Rolle. Sie sind gleichsam die Fußspuren der Erinnerung, die in das so weit entfernt liegende Reich der Annahme des schmerzhaften Verlustes führen können.

Auch die Bibel erzählt von Hinterlassenschaften. In der Erzählung von der Entrückung des Propheten Elija beispielsweise wird der Trauer und dem Zweifel des Elischa, des Schülers Elijas, nachgespürt.

Im zweiten Buch der Könige, in Kapitel 2, können Sie lesen, wie sich Elija und Elischa zum Jordan aufmachen. Und als sie an diesem Fluß ankommen, da können sie ihn nicht überqueren:

100

(8) Da nahm Elija seinen Mantel, wickelte ihn zusammen und schlug damit auf das Wasser. Das teilte sich nach beiden Seiten, so daß die zwei im Trockenen hindurchgehen konnten.
(9) Als sie hinüberkamen, sagte Elija zu Elischa: „Erbitte Dir, was ich für Dich tun soll, ehe ich Dir genommen werde." Elischa sprach: „Es möge mir der Erbteil des Erstgeborenen an Deinem Geist zuteil werden."
(10) Er antwortete: „Du hast Dir Schweres erbeten. Aber: Wenn Du siehst, wie ich von Dir genommen werde, so wird es Dir zuteil werden – siehst Du es nicht, so wird es Dir nicht zuteil werden."
(11) Während sie so im Gespräch immer weiter gingen, da kam auf einmal ein feuriger Wagen mit feurigen Rossen und trennte die beiden. So fuhr Elija im Sturm dem Himmel entgegen,
(12) während Elischa es mit ansah und schrie: „Mein Vater! Mein Vater! Wagen Israels und sein Lenker!" Dann sah er ihn nicht mehr. Da faßte er seine Kleider und zerriß sie in zwei Stücke.
(13) Danach hob er den Mantel auf, der Elija entfallen war, schlug damit auf das Wasser und sprach: „Wo ist denn nun der Herr, der Gott des Elija?" – Wie Elischa aber auf das Wasser schlug, teilte es sich nach beiden Seiten, so daß er hindurchgehen konnte.

Auf professionelle Trauerberater würde der Prophetenschüler Elischa sicherlich traumatisiert wirken. Die feurige Heftigkeit, mit der sein Lehrer und Vorbild Elija von ihm gerissen wird, spiegelt etwas von dem inneren Erleben der Plötzlichkeit und Heftigkeit des unerwarteten Abschieds wider. Diejenigen, die einen Menschen von jetzt auf gleich verloren haben, werden sich in Elischas Schicksal einfühlen können.

Zwei Menschen, deren innere Verbundenheit bewußt durch die Verwandtschaft beider Namen dargestellt ist, können ihre Trennung voneinander wohl nur so erleben, als ob ein feuriger Wagen mit feurigen Rossen den einen von der Seite des anderen reißt. Wer zurückbleibt, ist Elischa – nicht mit leeren Händen allerdings, vielmehr ist ihm in letzter Minute der Mantel des Elija als Hinterlassenschaft zuteil geworden. Entspricht das nun seiner Bitte, „es möge (ihm) der Erbteil des Erstgeborenen an (seinem) Geist zuteil werden"? Wohl kaum! Die Enttäuschung ist groß: Elischa sieht Person und Sache des Elija auf immer verloren. Er hat ja nichts zurückbehalten als Elijas Mantel – kaum eine Hinterlassenschaft, die ihn über den Verlust seines Lehrers hinwegtrösten kann.

Dennoch: Im Verlauf seiner Trauer versucht er, es mit dem hinterlassenen Mantel Elija gleichzutun. Elischa schlägt mit dem Mantel auf das Wasser, er gibt seiner Trauer, seiner Wut und Enttäuschung Stimme und fragt herausfordernd: „Wo ist denn nun der Herr, der Gott des Elija?" – und siehe da, das Wasser teilt sich. Elischa vollbringt dieselben Wunder wie sein Lehrer Elija – will sagen: Elischa kann seine eigenen Wege gehen, ist „selbständig" geworden und kann in seiner Person das Werk Elijas fortsetzen.

Ich habe diese kleine Prophetenerzählung als exemplarische Trauererzählung lesen gelernt, seit ich Trauernden begegnet bin, die ähnliche Erfahrungen gemacht haben. Eine Frau, die sich in ihrer Ehe ganz und gar auf ihren Partner verlassen hatte, kam in völliger Verzweiflung in einen Gesprächskreis für Trauernde. „Alles", so sagte sie damals, „hat mein Mann mir abgenommen. Ich brauchte mich um gar nichts zu kümmern. Auch die Leitung unseres kleinen Geschäfts hatte er ganz allein über die Jahre inne – immer mit finanzieller Sicherheit. Ich wußte: Wenn er sich darum kümmert, brauche ich mir keine Sorgen zu machen. Und jetzt? Nach dem Herzinfarkt meines Mannes stehe ich ganz allein da – mit dem Geschäft, den ganzen Abrechnungen, den fälligen Zahlungen …"

Auch sie hatte gleichsam nur den „Mantel des Elija" zurückbehalten, hatte die Fähigkeit ihres Mannes gesehen und zweifelte daran, Ähnliches vollbringen zu können. Es hat einige Zeit gedauert, bis diese Frau begonnen hat, ihr Schicksal in die Hand zu nehmen. Mit viel Mühe und Überwindung hat sie begonnen, sich in die Führung ihres Geschäftes einzuarbeiten, hat immer wieder herausfordernd mit dem „Mantel des Elija" auf den Strom ihres eigenen Lebens geschlagen. Und siehe da, die unüberschreitbar scheinenden

Wassermassen haben sich geteilt, sind durchquerbar geworden. Sie hat erfahren, daß sie selber die „Wunder" vollbringen kann, die ihr Mann einmal für sie beide gewirkt hat.

Wer solche Erfahrungen machen kann, hat mit und an seiner Trauer gearbeitet, hat sich auf den schweren Weg gemacht, der von der Klage über die eigene Situation zur Gestaltung der neuen Wirklichkeit führt.

Hinterlassenschaften können auch sehr oft kaum lösbar erscheinende Forderungen sein, Forderungen allerdings auch, die in der unüberwindbar erscheinenden Trauer Kräfte wachsen lassen, von denen die Betroffenen bislang niemals etwas geahnt haben.

So schließt sich der Kreis

Wolfgang Waldenhof war Journalist, ein „rasender Reporter". Die ihn kannten, kannten ihn auch mit seinen ständigen Begleitern: seiner „Leica" und seinem Notizblock. Immer auf dem Sprung, immer mit offenen Augen, offenen Ohren, offenem Herzen – voller Sorge, allen dreien könne etwas entgehen.

Ich habe Wolfgang Waldenhof nicht gekannt, aber ich stelle mir vor, daß sein Leben „eine runde Sache" war – angefüllt mit Eindrücken, Gedanken, Erlebnissen – ein Journalistenleben halt …

Irgendwie „rund" auch sein Geburts- und Sterbetag: geboren an einem Christi-Himmelfahrts-Tag, gestorben an einem Christi-Himmelfahrts-Tag. Sollen solche Lebensdaten wirklich nur zufällig sein? Für die Angehörigen jedenfalls spricht sich darin offensichtlich eine ganz zentrale Hoffnung aus: Am Himmelfahrtstag schließt sich der Kreis.

In der Mitte des Lebenskreises, der von der Stele gehalten wird, blüht eine mächtige Sonnenblume. Ich denke mir, Wolfgang Waldenhof wird Sonnenblumen geliebt haben. Aber die Blüte dieser Blume erzählt mir auch von reicher Ernte des Lebens, die er vielleicht genossen haben mag, obwohl er nur 62 Jahre alt geworden ist. Wolfgang Waldenhof hat – obwohl der Tod ihm so früh Kamera und Notizblock aus der Hand genommen hat – so etwas wie „Lebensernte" halten können. Inmitten der überdimensionalen Blüte der Sonnenblume wird das enge Raster der Samenkerne erkennbar. Wie viele Samen mögen durch seine Artikel in die Herzen der Menschen gepflanzt worden und aufgegangen sein? Niemand wird das je zurückverfolgen können. Aber darin wird Wolfgang Waldenhof weiterleben: in den Worten, die er in seinem Leben zu Artikeln zusammengefügt hat, und in den Gedanken der Menschen, die – bewußt oder unbewußt – daraus erwachsen sind …

Was soll mir dieses Erbe wohl sagen ...

Möglicherweise hat Ihnen der Mensch, um den *Sie* jetzt trauern, etwas hinterlassen, das Ihnen ganz persönlich in die Hände gelegt ist. Vielleicht sind aber einfach viele Dinge zurückgeblieben, die Ihnen Ihr Verstorbener nicht direkt vermacht hat.

Meistens verbinden wir „erben" ja mit materiellen Hinterlassenschaften. Ursprünglich hatte dieser bei den Kelten und Germanen schon früh bezeugte Rechtsbegriff auch etwas mit dem Recht der Waisen auf Unterhalt zu tun.

Es ist gut, wenn zu dem schmerzhaften Verlust nicht noch die materielle Bedürftigkeit hinzutritt, wie dies auch heute noch oft geschieht, wenn der „Ernährer" einer Familie stirbt. Für die Bewältigung der Trauer ist solch eine materielle Hinterlassenschaft aber damals wie heute wohl eher sekundär.

Mit den folgenden Übungsvorschlägen können Sie sich den wirklichen Wert des Ihnen Hinterlassenen bewußter machen. Das wird Ihnen helfen, Ihrem/Ihrer Verstorbenen ein ganzes Stück näherzukommen und mit ihr/ihm und durch ihn/sie in Ihrem Leben weiterzuleben.

• Nehmen Sie Papier und Bleistift zur Hand. Lassen Sie sich Zeit, und spüren Sie all den Dingen nach, die Ihnen hinterlassen worden sind. Versuchen Sie, für jedes Ding ein kleines Symbol – in der Computersprache würde man sagen: ein Icon – zu finden. Für das hinterlassene Auto zeichnen Sie ein Auto, für die Gartenbank eine Gartenbank, für die Armbanduhr eine Armbanduhr ...

• Wenn Sie ganz viele Bilder (Icons) zusammenhaben, stellen Sie sich doch einmal vor, diese Zeichen wären eine Art Geheimsprache oder so etwas wie ägyptische Hieroglyphen. Versuchen Sie, diese selbstgemalten Zeichen zu „übersetzen"! Welche Botschaften könnte der/die Verstorbene Ihnen mit dieser Hinterlassenschaft mitgegeben haben wollen? Beim

Auto vielleicht: Denk an unsere gemeinsamen Ausflüge, fahr selber hinaus, besuch allein unsere Freunde – und denk auch an mich.

Oder bei der Gartenbank: Nimm dir Zeit, und setz dich an unseren alten Platz. Schau in die Blätter der Bäume, die wir gemeinsam gepflanzt haben, und spüre ein wenig meine stille Gegenwart.

Jedes Zeichen und damit jede Hinterlassenschaft wird für Sie so sehr viel sprechender werden, als sie es bisher gewesen sein mag.

• Sie können den Vorgang auch umkehren. Vielleicht sind Ihnen keine Gegenstände, sondern Erinnerungen, Lebenshaltungen und Lebensregeln hinterlassen worden.

Schreiben Sie doch all diese Hinterlassenschaften einmal auf (möglichst in einem Satz), und spüren Sie der Überlegung nach, welches Symbol dafür stehen könnte. Mein Opa sagte beispielsweise immer: „Bub, du mußt Zeitung lesen, damit du weißt, was in der Welt vorgeht" – also könnte ich eine Zeitung zeichnen und mir dabei überlegen, ob ich diesen geerbten Satz nicht umsetze und eine Zeitung abonniere.

Oder: Mein Vater war der freigebigste Mensch, den ich kenne. Ein groß gemaltes Herz wäre vielleicht das passende Symbol – und damit könnte ich den Gedanken verbinden, ob ich nicht auch Freigebigkeit üben könnte …

Wenn ihm ein Unfall zustieße auf dem Weg …

Gesteigerte Verlustängste

Am Anfang war es keinem so sehr aufgefallen, daß Frau N. bei jedem Läuten des Telefons zusammenzuckte. Auch daß sie jedesmal, wenn das Martinshorn durch die Straßen schrie, ganz nervös wurde, hatte niemanden näher beschäftigt. So kannte man sie eben – immer etwas hektisch, etwas umgetrieben.

Erst als Frau N. nächtelang unruhig wach lag, bis sie irgendwann lange nach Mitternacht die Haustür ins Schloß fallen hörte, die ihr sagte, daß ihre Tochter wohlbehalten nach Hause gekommen war, und als sie nicht mehr ohne längere Diskussionen bereit war, ihren Mann oder ihre Tochter allein Auto fahren zu lassen, wurde ihr Partner nachdenklich und nahm mit ihr zusammen das Angebot einer Trauerberatung wahr.

So erfuhr ich, daß das Ehepaar N. durch einen Autounfall die jüngste elfjährige Tochter verloren hatte. Plötzlich, eines Mittags, hatte es an der Tür geklingelt und ein Polizeibeamter hatte gefragt: „Haben Sie eine Tochter mit dem Namen Saskija?" Als Frau N. bejahte, hatte er nur noch gesagt: „Sie müssen jetzt sehr stark sein …" – den Rest hatte sie gar nicht mehr bewußt gehört, nur noch die Wortfetzen „angefahren worden" und „tot", als sei sie gar nicht gemeint.

Die Erfahrung dieser Mittagsstunde hat Frau N. stark traumatisiert. Immer wieder hat sie gegenüber ihrem Mann und ihren Freunden diese unaussprechliche Situation in Worte zu fassen versucht: „Da sitzen wir ganz gemütlich beim Mittagessen, Hermann fragt noch, ob Saskija heute länger Schule habe, da klingelt es an der Tür …"

Diese Situation hat sich wie ein böser Traum in ihr Gedächtnis eingegraben. Sie hat ihr in schmerzhafter Weise vor Augen geführt, wie ungesichert das Leben ihrer Kinder und ihres Mannes ist, wie gefährdet menschliches Leben überhaupt zu jeder Stunde ist. Mehr noch als in ihrem Verstand hat sich in den Schichten ihres Unterbewußtseins der Gedanke festgesetzt, daß solch eine Situation jederzeit wieder passieren kann.

Die Erfahrung, daß der Mikrokosmos unseres Lebens, die kleine Welt unseres Alltags von einem Augenblick auf den anderen zerbrechen kann, die jede Begegnung mit dem Tod automatisch mit sich bringt, läßt viele Trauernde ängstlich und unsicher zurück. Da die eigene Ohnmacht angesichts des plötzlichen Todes eines Menschen um so drängender spürbar wird, stellt sich damit auch die ständige Angst ein, der Tod könne schon heute erneut zuschlagen. Diese Angst, nun auch noch das zweite Kind, auch noch den Partner, auch noch einen anderen bedeutsamen Menschen zu verlieren, treibt manche Trauernde unaufhörlich um. Solche Verlustängste können sich steigern, können zur alles bestimmenden Angst werden, die keine Freude, keinen unverkrampften Umgang mit dem Leben mehr zuläßt.

Auch die Bibel erzählt uns in ihrem ersten Teil, dem Alten Testament, von Menschen, die an solchen gesteigerten Verlustängsten litten, wenngleich ein solcher Befund nur zwischen den Zeilen angedeutet wird.

In der spannenden Erzählung von Josef und seinen Brüdern im Buch Genesis, in den Kapiteln 37–50 etwa, zeichnet der Erzähler das Bild eines trauernden Vaters, dessen Verlustängste übergroß zu werden scheinen. Die gesamte Erzählung beherrschen ohnehin sehr auffällige Figuren, die durchaus psychologisierend dargestellt werden.

Möglicherweise hat die Josefserzählung deshalb bedeutende Künstlerinnen und Künstler aller Jahrhunderte dazu bewogen, Szenen daraus gestalterisch umzusetzen (so zum Beispiel Rembrandt, HAP Grieshaber, Detlef Willand u. v. a.). Aber auch Schriftstellerinnen und Schriftsteller – zum Bei-

109

spiel Thomas Mann – sind dem Reiz verfallen, die wenigen Kapitel im Buch Genesis ins Erzählerische auszugestalten. Der Inhalt dieser biblischen Erzählung ist schnell skizziert: Das Verhältnis Josefs, des ältesten Sohnes von Jakob und seiner Lieblingsfrau Rahel, zu seinen älteren Brüdern aus der Ehe des Vaters mit dessen Frau Lea ist gespannt. Die Konflikte verstärken sich, als Josef beginnt, seine Träume von einer herausgehobenen Stellung unter den Brüdern zu erzählen. Die Tatsache, daß sein Vater ihm eine „*kettonät*", einen Ärmelrock (vermutlich sogar aus dem Festgewand seiner Mutter) nähen läßt, tut ein übriges. Schnell reift der Entschluß der Brüder zur Tat: Josef muß beseitigt werden. Als er – seine Brüder suchend – zu ihnen auf das Feld kommt, werfen sie ihn in eine Zisterne und verkaufen ihn als Sklaven an eine nach Ägypten ziehende Karawane. Seine „*kettonät*" tauchen sie in das Blut eines Ziegenbocks und bringen sie seinem Vater mit der Lüge, Josef sei von einem wilden Tier zerrissen worden.

Während Josef in Ägypten eine Bilderbuchkarriere vom Sklaven zum engsten Vertrauten des Pharao macht, heiratet und zwei Kinder – Ephraim und Manasse – in die Welt setzt, bricht in Israel die Not aus. Dieselben Brüder, die ihn in die Zisterne geworfen und verkauft haben, müssen nun am Hof des Pharao, also bei ihrem Bruder Josef, den sie nicht wiedererkennen, mehr oder weniger „betteln" gehen. Erst nach einem langen Hin und Her, in dem neben Juda auch Josefs kleiner Bruder Benjamin (allein sie beide haben Rahel zur Mutter) eine entscheidende Rolle spielt, gibt sich Josef seinen Brüdern zu erkennen. (Wer neugierig geworden ist, kann diese Erzählung in voller Länge im letzten Teil des Buches Genesis lesen: Kapitel 37.39–50.)

Jakob, der Vater Josefs, reagiert bei der Todesnachricht zunächst ganz konventionell, ja geradezu kontrolliert. Er identifiziert den Rock seines Sohnes und stellt nüchtern fest: „Fürwahr, zerrissen ist Josef" (Gen 37,33). Ganz anders fällt da schon die Trauer Jakobs in den Radierungen Rembrandts

110

aus: ein abwehrender, die Nachricht nicht wahrhaben wollender Vater. Der Betrachter hört förmlich den Schrei.

Aber auch die biblische Erzählung bemerkt feinsinnig: „... er trug lange Zeit Leid um seinen Sohn" (Gen 37, 34), und „er wollte sich nicht trösten lassen" (Gen 37, 35). Durch den Tod seines Sohnes ist auch ein Stück in ihm gestorben, hat sein Leben einen neuen, dunklen Grundton bekommen, der es – wie es zunächst scheint – nicht mehr verlassen wird: „Trauernd werde ich zu meinem Sohn ins Totenreich hinunterfahren" (Gen 37, 35).

Während der Erzähler uns das Leben und Geschick des ägyptischen Josef entwirft, können wir über Jakobs Trauer nur Vermutungen anstellen. Es wird ihm wie allen gegangen sein, die ein Kind verlieren und die sich fragen, wofür sie nun eigentlich noch leben sollen.

Erst als es notwendig wird, daß die Söhne nach Ägypten ziehen, um Korn zu kaufen, tritt der trauernde Vater wieder in den Erzählverlauf ein: „Benjamin, den Bruder Josefs, ließ Jakob nicht mit seinen Brüdern ziehn, denn er dachte, es könne ihm ein Unfall zustoßen" (Gen 42, 4).

Übergroß ist die Angst, auch noch diesen Sohn, auch noch dieses Kind der geliebten Rahel verlieren zu müssen. Zu tief sitzt das Trauma der Todesnachricht, die die Brüder überbrachten. Zu schwer ist die Erinnerung daran, wie er den blutigen Rock identifizieren mußte.

Beim zweiten Mal soll Benjamin die Reise der Brüder nach Ägypten begleiten. Der „Herr des Landes" (hinter dem sich – für die Brüder nicht erkennbar, wohl aber für den Leser – Josef verbirgt) hat ein Abkommen mit den Brüdern geschlossen, das es erforderlich macht, daß Benjamin nach Ägypten herabkommt. Aber auch hier zeigt Jakob übersteigerte Verlustängste. „Mich beraubt ihr der Kinder", sagt er zu den Brüdern Josefs, den Kindern Leas, „Josef ist nicht mehr, und Benjamin wollt ihr mir auch wegnehmen; über mich kommt dieses alles" (Gen 42, 36). Aber damit nicht genug. Jakob versucht, seinen Söhnen ein schlechtes Gewissen

111

zu machen: „Mein Sohn", sagt er, „soll nicht mit euch hinabziehen, denn sein Bruder ist tot, und er ist allein noch übrig. Wenn ihm ein Unfall zustieße auf dem Weg, den ihr zieht, so würdet ihr meine grauen Haare mit Kummer ins Totenreich hinunterbringen" (Gen 42, 38).

Widerwillig läßt er zu guter Letzt doch Benjamin mit den Brüdern ziehen; nicht aber, ohne ein Quentchen Selbstmitleid beizufügen: „Ich aber, wie ich nun einmal verwaist bin, so bin ich, ach, verwaist" (Gen 43, 14). Ich frage mich an dieser Stelle oft, wie dieser Satz den Söhnen Jakobs wohl in den Ohren geklungen haben mag. Was können sie schließlich dafür, Kinder der weniger geliebten Lea zu sein?

Bei einer Mutter, die ihren jüngsten Sohn verloren hatte, habe ich einmal ein ähnliches Verhalten wie bei Jakob erlebt. Mit noch nicht einmal neun Jahren starb ihr jüngster Sohn an Krebs. Der kleine Gregor war ein überaus aufgeweckter und sympathischer Junge gewesen; keiner, der ihn nicht sofort ins Herz geschlossen hätte. Selbst die Ärzte und Schwestern der Krebsklinik sprachen noch Wochen nach seinem Tod von ihm. Sein älterer Bruder ist wohl das genaue Gegenteil von ihm: in sich gekehrt und still, weniger auffällig und vielleicht ein wenig komplizierter – auch im Umgang mit sich selbst. Nach einer Reihe von Gesprächen sagte mir die Mutter der beiden: „Ich fürchte, ich habe Martin gegenüber immer so getan, als wäre nur Gregor mein Sohn gewesen und als hätte ich seitdem gar keine Kinder mehr."

Genau das aber ist die andere Seite der übersteigerten Verlustängste, die aus der Erfahrung der Ohnmacht erwachsen können: Entweder halten solche Trauernden wie zwanghaft an den Menschen fest, die ihnen noch geblieben sind, oder sie richten ihre ganze Aufmerksamkeit allein auf die verlorenen, deren Rolle und Andenken sie nicht selten überzeichnen.

In der Geschichte von Jakob verdichtet sich jedoch nicht nur die Erfahrung einer Trauer, die durch übermäßige Verlustängste gekennzeichnet ist; Jakob ist zugleich das Modell zur

112

Überwindung einer solchen Form problematischer, ja krankmachender Trauer.

Trotz der Ängste um den letzten Sohn seiner geliebten Frau Rahel läßt er Benjamin mit den Brüdern nach Ägypten ziehen, als er erkennt, wie buchstäblich notwendig, die Not wendend, die Gegenwart Benjamins in Ägypten ist.

„Der allmächtige Gott lasse euch Barmherzigkeit finden vor dem Mann [also vor dem ägyptischen Josef, wie der Leser weiß], daß er euren anderen Bruder mit euch ziehen lasse und den Benjamin!" (Gen 43, 14), gibt er seinen Söhnen als Reisesegen mit auf den Weg. Der „Herr des Landes", Josef, hat nämlich beim ersten Aufenthalt der Brüder in Ägypten einen von ihnen im Gewahrsam behalten, um ihn nur gegen die Ankunft Benjamins vor seinem Angesicht wieder auszulösen.

Jakob also – so scheint die Erzählung verdeutlichen zu wollen – überwindet seine Angst, er tut das, was er sich am meisten scheut zu tun: Er setzt Benjamin der Gefahr aus, ein ähnliches Ende zu finden wie sein älterer Bruder Josef. Wenn ich heute lese, daß manche Psychologen übersteigerte Angstgefühle dadurch therapieren, daß sie Menschen die gefürchteten Situationen noch einmal durchleben lassen, dann denke ich mal wieder: Wie aktuell ist doch die Bibel!

Am Ende der Josefserzählung wird auch Jakob nach Ägypten gelangen, wird erfahren, daß sein Sohn Josef noch lebt und Benjamin wohlbehalten ist. Ob dieser Schluß nicht auch ein in die Erzählung gehobenes Zeichen dafür ist, daß Jakob seine Trauer, die sich wie ein roter Faden durch die Erzählung gezogen hat, endlich überwunden hat? Überwunden dadurch, daß er sich und seine Angst bezwungen hat?

Falls Sie spüren, daß Sie dazu nicht mehr selbst in der Lage sind, sollten Sie vielleicht in Erwägung ziehen, eine professionelle Trauerbegleitung aufzusuchen. Wenn die Angst um einen möglichen weiteren Verlust das ganze Leben bestimmt, kann das auch ein Zeichen unverarbeiteter Trauer sein.

Aus der Hand gelegt ...

Schon weithin über den Friedhof sind sie sichtbar: die Uten-
silien des Bildhauers – Hammer und Meißel. Als käme er
gleich von seiner Frühstückspause zurück und würde weiter-
arbeiten – so liegen sie da. „Der hat den Löffel abgegeben",
sagte man früher in deftigen Worten, wenn jemand gestorben war. Das geht darauf zurück, daß jeder seinen eigenen
Eßlöffel hatte, ihn nach dem Essen abwischte und auf das
Wandbord zurücksteckte. Wilhelm vom Brauck hat seinen
„Löffel", sein ureigenstes Handwerkszeug, abgegeben.
Daß Hammer und Meißel auf seinem Grabstein abgelegt
sind, will auch sagen: Niemand beherrschte die Steinmetz-
kunst so wie er.
Vom Brauck war ein Steinmetz aus Havixbeck im Münster-
land. Ein Großteil der Grabdenkmale auf dem Havixbecker
Friedhof gehen auf seine Hand zurück. Auch an der Restau-
ration des Doms zu Münster hat er mitgewirkt, wie die An-
deutung der Türme des Doms am unteren Teil einer der Seiten des viereckigen Grabsteins erinnern wollen.
Auf der Rückseite des Gedenksteins ist die Werkstatt
abgebildet: mit offenen Türen – vielleicht Zeichen seiner
Gesprächsbereitschaft, Zeichen möglicherweise auch der
Erwartung der Werkstatt, der in ihr wirkende Handwerker
möge zurückkommen und mit seiner abgebrochenen Arbeit
fortfahren.
„Sie sollen ausruhen von ihren Mühsalen, denn ihre Werke
folgen ihnen nach" – dieser Satz aus der Offenbarung des Johannes (dem letzten Buch des Neuen Testaments) beherrscht
fast eine ganze Seite des Denkmals. Er bringt noch einmal
ins Wort, was die aus der Hand gelegten Werkzeuge symbolisieren wollen: Der hier begrabene Mensch ruht von seinen
Mühsalen aus, während die Werke, die er hier auf Erden hinterlassen hat, als „Gedächtnis in Stein" in dieser Welt zurückbleiben.

114

Zur Ruhe kommen

Wer unter Ängsten leidet, den plagen meist auch Schlafstörungen, den quält eine große innere Unruhe.
Es ist dann gut, einige Entspannungsübungen zu kennen. Dazu gibt es hilfreiche Bücher und Kursangebote in Bildungswerken, Volkshochschulen und bei anderen Trägern.
Um zur Ruhe zu kommen, können Sie auch einmal die folgende Übung ausprobieren.
Schreiben Sie über einen Zeitraum einmal auf:

Tag	Gedanken vor dem Einschlafen	Erinnerte Träume	Gefühl beim Aufwachen
So			
Mo			
Di			
Mi			
Do			
Fr			
Sa			

Sie können es trainieren, etwas Angenehmes vor dem Einschlafen zu denken, um wieder etwas zu innerer Ruhe und neuer Lebenskraft zu kommen. Denken Sie ganz bewußt, wenn Sie im Bett liegen, an eine positive, sinnenerfüllte Gestimmtheit; zum Beispiel an die Bewegung der Wellen am Meeresstrand (Einatmen: Die Welle zieht sich ins Meer zurück; Ausatmen: Die Welle schlägt sanft an den Strand), warme Sonnenstrahlen auf der Haut ... Bemühen Sie all Ihre Sinne: Spüren Sie die wärmenden Sonnenstrahlen und den rauhen, warmen Sand auf der Haut; schmecken Sie das Salz auf den Lippen; hören Sie das Rauschen, sehen Sie die Brandung, riechen Sie Fisch und Tang ... (Tip: Sprechen Sie sich die Gedanken anfangs zu einer ruhigen Musik auf eine Kassette, die Sie dann abends abhören können.)

Dich nur nie ganz verlieren ...

In Kontakt bleiben wollen

Die Sehnsucht, mit einem geliebten Menschen, den man an den Tod verloren hat, in Kontakt bleiben zu wollen, äußert sich sehr verschieden.

So kenne ich Menschen, ältere zumeist, die jeden Tag zum Friedhof gehen, um das Grab ihres Lebenspartners oder ihrer Lebenspartnerin zu besuchen. Bei manchen von ihnen erscheinen mir die Friedhofsgänge wie der nachmittägliche Besuch bei einem guten Bekannten, mit dem man ein paar Gedanken austauscht, bei dem man die Last des Alltags abladen kann, um dann wieder seines Weges zu gehen. Außerdem sind die Begegnungen mit den Lebenden auf dem Friedhof, mit den anderen, die auch um einen Menschen trauern, zumeist auch nicht ganz unwichtig.

Bei anderen dagegen kommen mir diese Friedhofsbesuche eher zwanghaft vor; die Lebenden werden gar nicht mehr wahrgenommen. Die Besuche auf dem Friedhof scheinen allein dazu zu dienen, die Trauer und den Schmerz wachzuhalten, sich täglich neu zu beweisen, wie furchtbar der erlittene Verlust ist.

Als ich noch studierte, wohnte im Nachbarzimmer eine junge Frau, deren Bruder bei einem Unfall ums Leben gekommen war. Sie hatte auf dem Schrank ein Bild von ihm aufgestellt, vor dem immer Blumen standen und immer ein Öllämpchen brannte. Ich erinnere mich noch gut daran, daß es mir wie eine ständige Vergegenwärtigung des Leids vorkam. Der Bruder und die Trauer um ihn waren auf eine unerträgliche Weise Tag und Nacht präsent; der Schmerz um seinen Tod konnte meines Erachtens gar nicht abflauen, das Bild konnte sich gar nicht verändern, der Tote gar keine andere Gestalt annehmen. Die Geschichte, die bei diesem Trauerfall im Hintergrund steht, kenne ich nicht. Ich weiß nicht, wer den Unfall damals verursachte oder wie alt der Bruder, wie die Beziehung der Geschwister zueinander war. Ich kann nicht beurteilen, wie tief die Wunde war, die dieser Verlust in ihr Leben gerissen hat; ob dieser Tod ein unverarbeitetes Kindheitserlebnis war oder von Schuldgefühlen überschattet. Ich will nicht über ihre Trauer urteilen. Dennoch hatte ich damals zum ersten Mal das Gefühl, wie lähmend es sein kann, einen Toten festzuhalten.

Das Anklammern an einen Toten, das habe ich damals gelernt, ihn nicht loslassen zu können und zu wollen, zieht Menschen vom Leben ab. Und manchmal führt es Menschen sogar dazu, an sogenannten „spiritistischen Sitzungen" teilzunehmen.

Der Spiritismus, der Versuch, mit Verstorbenen in Kontakt zu treten, ihre Gegenwart konkret zu spüren, ihren Rat zu hören und ihre Hilfe zu erfahren, ist so alt wie die Geschichte der Menschheit. Das Wort selbst und die dazugehörende Weltanschauung wurden erst im 19. Jahrhundert geprägt.

Die Hypothese des Spiritismus oder, besser gesagt, sein Glaube ist, daß die menschliche Persönlichkeit nach dem Tod weiterbesteht und daß man durch die Vermittlung besonders veranlagter Menschen, sogenannter „Medien", mit Verstorbenen in Kontakt kommen und bleiben kann.

Die Parapsychologie untersucht „spiritistische Phänomene" wie mediale Begabungen, Spuk, Tischchenrücken usw. wissenschaftlich. Sie kommt in ihren Untersuchungen zu dem Ergebnis, daß die „spiritistische Erklärung" ein *Glaube* ist. Das heißt, die Annahme, daß in bestimmten Phänomenen Verstorbene am Werk seien und sich äußerten, ist nicht beweisbar; sie beruht auf bereits festgelegten Grundannahmen. Erklären kann man das, was Spiritisten als Kontakte mit dem Jenseits erleben, dann auch recht diesseitig: als durch das Unterbewußtsein von Lebenden verursacht. Ich sehe und höre eben jene Phänomene, die ich unbewußt hören (beziehungsweise wie die folgende Bibelstelle zeigen wird, die ich unbewußt gegen mich selber richten) will. Man spricht in diesem Zusammenhang auch von „animistischer" Erklärung, sagt also, daß unbewußte Seelenkräfte die „Begegnungserfahrungen" auslösen.

Es gibt mittlerweile einige gute Sachbücher zum Thema Okkultismus, Spiritismus, mit deren Hilfe Sie sich näher informieren können.

Ich will Ihnen hier einen exemplarischen „biblischen Fall" vor Augen führen: den altisraelitischen König Saul bei der Totenbeschwörerin von En-Dor. Ein paar einleitende Bemerkungen mögen Ihnen den Zugang zu dieser Erzählung erleichtern.

Das Kapitel, in dem Saul auf die Frau aus En-Dor trifft, ist in den größeren Zusammenhang der sogenannten „Thronfolgegeschichten" gestellt. Das Samuelbuch und der Beginn des ersten Königsbuches entwerfen die spannende Erzählung, in der es David gelingt, zu Ansehen und schließlich zur Königswürde zu gelangen, und in der dementsprechend Saul immer mehr an Gunst bei Gott und beim Volk verliert. Die Geschichte in 1 Sam 28 stellt die Verstoßung Sauls durch den Richter Samuel dar, dem die Aufgabe zukam, auf Weisung Gottes hin den jeweiligen König einzusetzen und zu salben:

(3) Samuel war gestorben, und ganz Israel hatte die Totenklage für ihn gehalten und ihn in seiner Stadt Rama begraben. Saul aber hatte die Totenbeschwörer und die Wahrsager aus dem Land vertrieben.

(4) Als sich die Philister gesammelt hatten, rückten sie heran und schlugen bei Schunem ihr Lager auf. Saul versammelte ganz Israel, und sie schlugen ihr Lager im (Bergland von) Gilboa auf.

(5) Als Saul das Lager der Philister sah, bekam er große Angst, und sein Herz begann zu zittern.

(6) Da befragte Saul den Herrn, aber der Herr gab ihm keine Antwort, weder durch Träume noch durch die Losorakel noch durch die Propheten.

(7) Daher sagte Saul zu seinen Dienern: Sucht mir eine Frau, die Gewalt über einen Totengeist hat; ich will zu ihr gehen und sie be-

fragen. Seine Diener antworteten ihm: In En-Dor gibt es eine Frau, die über einen Totengeist Gewalt hat.

(8) Da machte sich Saul unkenntlich, zog andere Kleider an und ging mit zwei Männern zu der Frau. Sie kamen in der Nacht bei der Frau an, und er sagte zu ihr: Wahrsage mir durch den Totengeist! Laß für mich den heraufsteigen, den ich dir nenne.

(9) Die Frau antwortete ihm: Du weißt doch selbst, was Saul getan hat: Er hat die Totenbeschwörer und die Wahrsager im Land ausgerottet. Warum stellst du mir eine Falle, um mich zu töten?

(10) Saul aber schwor ihr beim Herrn und sagte: So wahr der Herr lebt: Es soll dich in dieser Sache keine Schuld treffen.

(11) Die Frau sagte: Wen soll ich für dich heraufsteigen lassen? Er antwortete: Laß Samuel für mich heraufsteigen!

(12) Als die Frau Samuel erblickte, schrie sie laut auf und sagte zu Saul: Warum hast du mich getäuscht? Du bist ja Saul!

(13) Der König sagte zu ihr: Hab keine Angst! Was siehst du denn? Die Frau antwortete Saul: Ich sehe einen Geist aus der Erde heraufsteigen.

(14) Er fragte sie: Wie sieht er aus? Sie antwortete: Ein alter Mann steigt herauf; er ist in einen Mantel gehüllt. Da erkannte Saul, daß es Samuel war. Er verneigte sich mit dem Gesicht zur Erde und warf sich zu Boden.

(15) Und Samuel sagte zu Saul: Warum hast du mich aufgestört und mich heraufsteigen lassen? Saul antwortete: Ich bin in großer Bedrängnis. Die Philister führen Krieg gegen mich, und Gott ist von mir gewichen und hat mir keine Antwort mehr gegeben, weder durch die Propheten noch durch die Träume. Darum habe ich dich gerufen, damit du mir sagst, was ich tun soll.

(16) Samuel erwiderte: Warum fragst du mich? Der Herr ist doch von dir gewichen und ist dein Feind geworden.

(17) Er hat getan, was er durch mich angekündigt hatte: Der Herr hat dir das Königtum aus der Hand gerissen und hat es einem anderen, nämlich David, gegeben.

(18) Weil du nicht auf die Stimme des Herrn gehört und seinen glühenden Zorn an Amalek nicht vollstreckt hast, darum hat dir der Herr heute das getan.

(19) Der Herr wird auch Israel zusammen mit dir in die Gewalt der Philister geben, und morgen wirst du samt deinen Söhnen bei mir sein; auch das Heerlager Israels wird der Herr in die Gewalt der Philister geben.

(20) Da fiel Saul der Länge nach jäh zu Boden; so sehr war er über die Worte Samuels erschrocken. Es war auch keine Kraft mehr in ihm, weil er den ganzen Tag und die ganze Nacht keinen Bissen gegessen hatte.

(21) Die Frau ging zu Saul hin und sah, daß er ganz verstört war; sie sagte zu ihm: Deine Magd hat auf deine Stimme gehört; ich habe mein Leben aufs Spiel gesetzt, als ich auf das hörte, was du zu mir gesagt hast.

(22) Jetzt aber höre auch du auf die Stimme deiner Magd! Ich will dir ein Stück Brot zum Essen geben. Dann wirst du wieder zu Kräften kommen und kannst deines Weges gehen.

(23) Er aber weigerte sich und sagte: Ich esse nichts. Doch seine Diener und die Frau drängten ihn, bis er auf ihre Stimme hörte. Er erhob sich vom Boden und setzte sich aufs Bett.

(24) Die Frau hatte ein Mastkalb im Haus. Sie schlachtete es in aller Eile, nahm Mehl, knetete Teig und backte ungesäuerte Brote.

(25) Das alles setzte sie Saul und seinen Knechten vor; sie aßen, standen auf und gingen noch in der gleichen Nacht zurück.

Was mag Saul bewegt haben, zu einem „Medium" zu gehen? Was erhoffte er sich von dieser „Totenbeschwörerin"? Auffällig ist zunächst, daß der biblische Text offenbar überhaupt nicht in Frage stellt, daß die Frau in der Lage ist, einen Totengeist zu befragen.

Aber obwohl die Erzählung solch eine Befragung Verstorbener als Hilfsmittel in bedrängter Lage voraussetzt, steht ein ausdrückliches Verbot zu Beginn. Direkt im ersten Vers wird darauf aufmerksam gemacht, daß Saul selbst es war, der die Totenbeschwörer des Landes verwiesen hat. Warum Saul die „Nekromantie" (Totenbeschwörung) verbot, wird nicht näher erläutert – vielleicht spielte Angst oder auch Realismus eine nicht unerhebliche Rolle. Doch verstärkt die Bemerkung natürlich die Spannung dieser Begebenheit.

Historisch dürfte sich in dem Vers eine in der Geschichte Israels belegbare Ablehnung der Totenbeschwörung widerspiegeln. Späterhin wird sie in Israel sogar gänzlich verboten werden. (In unseren Bibeln stehen solche Verbotstexte hinsichtlich der Reihenfolge der biblischen Bücher zwar früher, von der Entstehungszeit der Texte aber sind sie später anzusetzen. Vgl. Lev 19,31; 20,6f. 27; Jes 8,19; 19,3f.; 29,4.

Der alttestamentliche König Saul hatte wohl, wie manche Forscher meinen, die zur Durchsetzung eines solchen Verbots erforderliche Macht gar nicht. Es überrascht außerdem, daß seine Diener ihm – sollte es ein solches Verbot gegeben haben – sofort und ohne Scheu eine entsprechende Person empfehlen können.

Ein großer Aufmarsch feindlicher Streitmächte, der Philister, in der Jesreel-Ebene und dem angrenzenden Gilboa-Gebirge stürzt Saul in Angst und Schrecken. Alle legitimen Mittel, einen ersehnten Bescheid über den weiteren Verlauf der Dinge zu erhalten, scheitern – weder Träume noch Losorakel noch Prophet(inn)en können einen Ausweg zeigen. Saul scheint buchstäblich mit seinem Latein am Ende. So sucht Saul also eine „Herrin des (Toten)Geistes", wie die Frau im Hebräischen – entgegen der landläufigen Übersetzung mit „Hexe" – genannt wird, auf, um die Toten zu befragen.

Die Frau scheint, obwohl sie namentlich nicht genannt wird, doch weithin für ihre Dienste als „Medium" bekannt zu sein. Die Methode, wie sie Kontakt zu Samuel herstellt, wird nicht näher erläutert. Vielleicht wagte der Erzähler auch nicht, eine solche magische Verhaltensweise näher zu beschreiben.

Daß sie nachts tätig ist, könnte symbolischer Ausdruck ihres Kontaktes mit den Mächten der Finsternis und des Todes sein. Es könnte aber auch bereits eine negative Wertung enthalten: Saul ist in einer „Nacht-und-Nebel-Aktion" unterwegs. Er tut etwas Ungesetzliches. Auch seine Verkleidung hat ja einen solchen negativen Beigeschmack, selbst wenn sie eine durchaus verständliche Vorsichtsmaßnahme darstellt.

Die Frau übt jedenfalls, nachdem ihr der Unbekannte schwört, daß es ihr nicht zum Schaden gereiche, ihre Kunst aus. In dem Moment, wo sie Kontakt mit dem Toten herge-

122

stellt hat, weiß sie auch um die Identität des nächtlichen Besuchers. Trotz ihres Erschreckens gibt sie weitere Auskunft, und Saul erkennt in dem von ihr beschworenen Totengeist den Geist Samuels, den er wie einen überaus bedeutsamen Gast, wie einen König, ja wie eine Gottheit begrüßt.

Entgegen der sonst üblichen Praxis, daß das Medium, wie der Name es sagt, den Kontakt vermittelt, also für den Verstorbenen spricht, redet nun Saul selbst mit Samuel, der seinerseits Rede und Antwort steht. Der Geist bestätigt, was der lebende Samuel bereits ankündigte: den Niedergang von Sauls Königtum. Diese Nachricht läßt Saul ohnmächtig werden, diese Nachricht – oder vielleicht doch nur die Auszehrung und Schwächung Sauls, wie der Erzähler mit spitzbübischem Augenzwinkern anführt?

Der ausgehungerte und geschwächte Saul erhält von der Frau, die er hintergangen hat, geradezu mütterliche Fürsorge. Sie bereitet ihm ein festliches Mahl (ein Mastkalb wird nur bei festlichen Anlässen geschlachtet) und stärkt ihn so für seinen letzten Weg.

Die Geschichte unterscheidet sich in einem wesentlichen Aspekt von unserem Ausgangspunkt: Saul geht es nicht darum, mit einem geliebten Menschen über dessen Tod hinaus in lebendigem Kontakt zu bleiben. Er benötigt diesen Kontakt mit Samuel, um sein (politisches) Geschick in den Griff zu bekommen.

Saul wird mit dieser Erzählung als jemand skizziert, der sich selbst untreu wird. Hatte er zuvor – mit dem Wegschicken der Totenbeschwörer u.a. – versucht, sein (politisches) Schicksal auf Gott zu bauen, so zeichnet ihn der Erzähler von 1 Sam 28 als einen Menschen, der meint, auch ohne Gott erfahren zu können, was geschehen wird.

An dieser Stelle aktualisiert sich nun auch für unseren Zusammenhang der Text. Ohne darüber zu diskutieren, ob in einer spiritistischen Sitzung tatsächlich ein Kontakt zu Toten möglich ist oder sich dort doch nur die Sehnsucht der Lebenden vergegenwärtigt, bleibt ja die Frage: Wie geht das, was ich mit und um meine Toten tue, mit meinem Verständnis von Gott zusammen? Paßt es überhaupt zum biblischen Glauben, an Toten festzuhalten? Glaube ich, daß ein gütiger und barmherziger Gott meine Gehversuche trägt und begleitet – oder muß ich mich meiner Geschichte, meiner Zukunft durch andere Mächte zu vergewissern suchen, um nicht von der (Lebens-)Angst aufgezehrt zu werden?

Eine andere Frage im Zusammenhang dieser Erzählung ist natürlich auch, was ich für meine Verstorbenen erwarte: Weiß ich sie bei Gott geborgen? Oder suche ich sie in irgendwelchen seltsamen Zwischenwelten, die ich mit überstrahlendem Licht, Farbenfülle und wunderbarer Musik drapiere? Glaube ich, daß sie mir auch ohne irgendein „Medium" und dessen Methoden nahe und verbunden sind?

Es ist ein legitimer Wunsch, mit den Menschen, die mein Leben begleitet haben, die in meinem Herzen stehen und die mich liebten, auch über deren leibliche Gegenwart hinaus in Kontakt bleiben zu wollen. Gleichzeitig ist es aber eine der großen Aufgaben, die uns der Tod unserer Lieben aufgibt, sie ehrlich loszulassen – in unserem und vielleicht sogar in ihrem Interesse. Selbst Abschiede und Trennungen im Leben konnten es uns nicht so lehren, wie es jetzt – im Falle des Todes – von uns gefordert ist: Der andere Mensch und seine Nähe stehen nicht mehr in unserer Hand; sie entziehen sich unserem Zugriff.

Die Formen, die wir jetzt für uns entwickeln und einüben müssen, um die Verbindung zu einem geliebten Toten aufrechtzuerhalten, sollen uns nicht vom Leben abziehen. Sie sollen uns vielmehr eine Stütze für unser Weiterleben sein.

Eine Frau, die nach dem Tod ihres Mannes mit drei Söhnen zurückbleibt, überlegt zusammen mit den Kindern bei vielen Entscheidungen: „Wie hätte Papa das gemacht, was hätte er dazu gesagt?" So beziehen sie den Vater über seinen Tod hinaus beratend ins Leben ein.

Auch in meiner Familie habe ich es immer wieder dankbar erlebt, wie im Erzählen von Anekdoten, im Reflektieren von

124

Erfahrungen, im Mitteilen von eigenen Bezügen zu und Erlebnissen mit einem Verstorbenen dieser ganz lebendig wird und wie selbstverständlich unser gegenwärtiges Leben und Erleben mitprägt. Manchmal war es dabei fast so, als säße er oder sie selber mit am Tisch. Unverkrampft und ohne anzuklammern, lebte die Bedeutsamkeit eines verstorbenen Menschen unter uns weiter. Keine Scheuklappen für die Mängel der Verstorbenen und viel Platz für neue Erfahrungen, neue Sichtweisen der Toten. Manchmal auch Schuldgefühle, aber so, daß wir wußten: Er oder sie würde es jetzt wohl anders sehen, mit „entgrenzten" Augen …

Ich glaube, daß das dort leichter von der Hand geht, wo man das Sterben eines Menschen begleitet hat, wo man gelernt hat, gegenseitig von Gefühlen zu sprechen, miteinander zu weinen und zu trauern. Da muß sich niemand Nischen suchen, in denen er für sich allein, bei „Nacht und Nebel" und gegen die Blicke argwöhnender Mitmenschen abgeschirmt, Kontakte zu langvermißten Verstorbenen ungestört wiederbeleben kann. Immer noch, auch Jahre später, gibt es Momente der Trauer, der erfahrenen und betrauerten Abwesenheit, des Vermissens. Aber der Tod und die Toten, die Erfahrungen von Verlust und Schmerz, Traurigkeit und Sehnsucht gehören zu unserem Leben dazu. Nur dort, wo wir ihnen die Türen unseres Herzens und unseres Verstandes nicht offenhalten, kommen sie durch die Fenster unseres Unterbewußtseins und unserer Ängste geisterhaft wieder zu uns herein.

Es gibt aber nicht nur die „positiven" Trauererfahrungen: den gewollten Kontakt, die gesuchte und lebendig erfahrene Erinnerung. Ich weiß aus vielen Begegnungen: Es gibt auch Menschen, die das Gefühl haben, daß ihnen ein Toter, eine Tote den Kontakt regelrecht aufzwingt; sie werden diesen Menschen nicht los. Sie meinen geradezu dessen Stimme zu hören, werden von lastenden Erfahrungen weiterhin verfolgt. Meist ist es in solchen Fällen ratsam, sich professionelle psychologische Hilfestellung zu holen.

Andere fürchten sich davor, daß ein anderer, der sie gequält hat, irgendwo und irgendwie weiterlebt, daß sie ihm oder ihr nach ihrem eigenen Tod letztendlich doch wieder begegnen müssen. Für solche Menschen wird die Aussicht auf ein Weiterleben nach dem Tod, die vielen Hoffnung gibt, zur Qual. Gerade auf solche Ängste und Befürchtungen weiß ich keine befriedigende Antwort. Ich glaube aber, daß es bei Gott auch nach unserem irdischen Leben noch Veränderung, Versöhnung und Heilung gibt. Ich glaube auch, daß Gott die Fähigkeit hat, Menschen zurechtzurücken, zu „richten". Wie das aussehen mag, entzieht sich meinem Vorstellungsvermögen, aber ich trage diese Hoffnung in mir, auch in meinem eigenen Interesse, wohl wissend, daß es bei mir einiges zu verbessern gäbe.

Kontaktanzeige

Schreiben Sie einmal auf, wann, wo, wie und wie lange Sie mit Ihrem Verstorbenen in Kontakt sein wollen.

Sprechen Sie dabei Ihren Verstorbenen mit Namen an. Versuchen Sie, die eigenen Gefühle und Gedanken – wenn Sie möchten, auch Befürchtungen und Einwände – ins Wort zu bringen.

Du bist bereits seit (Tagen, Wochen, Jahren) nicht mehr bei mir. Du warst und bist in meinem Leben wichtig. Ich vermisse die Gespräche mit Dir und unsere Zärtlichkeit.

Jetzt versuche ich, ohne Dich weiterzuleben (bis wir uns wiedersehen). Ich möchte aber, daß Du – egal wie mein Leben weitergeht – einen Platz in meinem Leben behältst.

Im Augenblick wünsche ich mir, morgens, ehe ich zur Arbeit gehe, (jeden Tag, einmal die Woche ...) mir ein paar Minuten ganz bewußt Zeit für Dich zu nehmen. Ich setze mich in den Sessel im Wohnzimmer, in dem Du so gern gesessen hast, und höre die Musik an, die Du so geliebt hast.

Dann aber will ich mich für diesen Tag von Dir verabschieden. Ich brauche Raum in meinem Innern für all das, was an diesem Tag auf mich zukommen wird. Ich gehe ohne Dich in den Tag – und doch bist Du in meinem Herzen immer bei mir. Ich lasse meine Trauer los. Ich nehme Deine Liebe mit in den Tag.

Morgen (nächste Woche ...) treffe ich Dich wieder ...

Lebensbaum

> Meine Gedanken sind nicht eure Gedanken,
> und eure Wege sind nicht meine Wege,
> spricht der Herr.

Ein Leben lang gesucht

nicht irre geworden an DIR
auf durchkreuzten Wegen
den Heimweg gefunden

Ein wenig weise geworden

Der alte Baum
verpflanzt
in Deinen Lebensgarten –
das will ich künden

Ich hätte noch viel mehr tun müssen …

Schuldgefühle

Der Abschied eines Menschen aus unserer sichtbaren Wirklichkeit stellt eine tiefgreifende Veränderung unseres Lebens dar. Vielleicht ist dies sogar die größte Veränderung, die wir Menschen überhaupt zu durchleben haben. Jemand, den wir liebten oder kannten, der ein Teil unseres Alltags war, hat uns verlassen – seinem Blick und seiner Stimme werden wir nicht mehr begegnen, sein Anblick gehört nicht mehr zu unserem alltäglichen Gesichtskreis.

Zu den Veränderungen, die sich mit dem Tod eines Menschen für die, die zurückbleiben, einstellen, gehört auch die veränderte Bewertung der Bedeutung, die dieser Mensch für mich und ich für diesen Menschen hatte.

Bei einem Spaziergang über den Friedhof treffe ich Frau K. Vor wenigen Wochen hat sie ihren Mann nach langem Krankenlager verloren. Die letzten fünf Jahre standen unter den Zeichen seines fortschreitenden Siechtums. Die ganze Wohnung mußte verändert werden, das Kommen und Gehen des Pflegedienstes bestimmte die Struktur eines Tages. Von einem Tag auf den anderen hatte Frau K. die Umstellung von der Ehefrau zur Pflegerin zu bewältigen gehabt. Mit dem sich täglich verschlechternden Zustand ihres Mannes verminderten sich auch ihre Möglichkeiten, ein unbeschwertes Leben zu führen. Pflege und Beruf hatten – ohne Rücksicht auf Verluste – zusammenzugehen. Die Nächte waren in den letzten Jahren nur noch bestimmt von jener wachsamen Schläfrigkeit, die jede Minute beim kleinsten Geräusch bereit ist.

Frau K. hat über die Pflege ihres Mannes nicht ein einziges Mal gemurrt. „Wie schafft sie das nur?" fragten die Nachbarn und Freunde. „Die meistert wirklich ihr Schicksal", sagten andere mit Bewunderung. Als Herr K. starb, waren es nicht wenige, die sagten: „Hat er es endlich geschafft? Die Frau hat mir ja so leid getan!"

Doch einige Wochen nach der Beerdigung, als sich die Situation entspannt und sie selber sich beruhigt hat, äußert sie ihren Freundinnen gegenüber Schuldgefühle: „Ich hätte doch noch mehr tun können", sagt sie. „Wenn ich dem Aufenthalt in dieser Klinik in Bayern doch zugestimmt hätte, wäre er dann nicht vielleicht doch gerettet worden?" fragt sie ihre Schwester und sich selber. Aber auch an bestimmte Situationen erinnert sie sich und verbindet damit das Gefühl, falsch gehandelt zu haben: „Als er am Tag vor seinem Tod noch einmal alles hat unter sich gehen lassen, da habe ich noch so mit ihm geschimpft und ihn ermahnt, sich doch rechtzeitig bemerkbar zu machen."

Vielleicht treiben Sie ähnliche Gefühle um; Gefühle von Schuld und Versäumnis gegenüber dem Menschen, um den Sie trauern. Möglicherweise versuchen Sie auch, die Schuld, die Sie verspüren, auf irgend jemanden oder irgend etwas zu verlagern: auf den Arzt, das Pflegepersonal, die übrigen Angehörigen, den Seelsorger. „Der hat …" oder: „Die haben …" – so beginnen viele Sätze von Trauernden, die mit ihren Schuldgefühlen nicht zurechtkommen und versuchen, diese zu personalisieren.

Auch das Alte Testament kennt solche verborgenen Schuldgefühle angesichts von Krankheit und Tod – und den vorbildhaften Umgang mit solchen Gefühlen.

In der sogenannten „Thronfolgeerzählung" des David im zweiten Samuelbuch wird erzählt, wie das Kind, das aus der Beziehung Davids zu Batseba stammt, auf den Tod erkrankt. Der Sohn war aus einem Ehebruch hervorgegangen. David hatte das Kind gezeugt, als Batseba noch die Frau eines anderen, eines seiner Untergebenen, war. Und weil David Batseba begehrte, hatte er dafür gesorgt, daß der Ehemann in einer Kriegssituation ums Leben kam. Kein Wunder also, daß David von Schuldgefühlen gepackt wird, als das Kind im Sterben liegt.

Er beginnt wie automatisiert Handlungen der Reue vorzunehmen. Der Erzähler umreißt es so: „David suchte den Herrn auf um des Kindes willen und fastete; und wenn er heimkam, blieb er über Nacht im Trauergewande und schlief auf der Erde" (2 Sam 12, 16).

Was immer von seiten der Bibelausleger zu dieser Stelle zu sagen wäre, für mich handelt hier auch ein Vater aus massiven Schuldgefühlen – vielleicht sogar weniger seinem Gott als seinem Sohn gegenüber. Das Kind ist zwar nicht tot, doch das Verhalten Davids erinnert mich an viele Trauernde, mit denen ich über die Jahre im Gespräch gestanden habe. „Ich will nichts essen", sagt ein alter Mann, dessen Frau nach langen gemeinsamen Ehejahren verstorben ist, „meine Frau kann das auch nicht mehr." So oder ähnlich äußern und verhalten sich viele, die um einen lieben Menschen trauern. Es scheint so, als würden sie schuldig, wenn sie nach dessen Tod für sich sorgen, ihr Leben gestalten und ihren Weg weitergehen.

„… und wenn er heimkam, blieb er über Nacht im Trauergewande und schlief auf der Erde" – wie viele Trauernde handeln nach dieser Maxime! Manchmal mag hinter solch einem Verhalten der Wunsch stecken, im nachhinein etwas an Mitleid und Nähe wiedergutzumachen, das zu Lebzeiten zu geben nicht möglich war. Das ist nicht nur bei denen so, die sich während langer schwerer Krankheit auf den Abschied vorbereiten konnten, sondern allzuoft auch bei denjenigen, die keine Möglichkeit des Abschieds voneinander hatten. Immer aber geht es darum, den Menschen, um den man weint, nicht loslassen zu können, weil man mit seinem Anteil an diesen Ereignissen nicht abschließen kann. Ich kann nicht in dem Bewußtsein loslassen, daß ich in der damaligen Situation so war, wie ich nun einmal war.

Hinter vielen Schuldgefühlen steckt oftmals nichts anderes als der verborgene Wunsch nach Vollkommenheit: der Wunsch, mit noch weniger Murren gepflegt, mit noch weiterer Umsicht gehandelt und mit noch größerem Einfühlungsvermögen begleitet zu haben.

132

Frau K. hat bis zur Selbstaufgabe alles für ihren kranken Mann getan – darin ist sich der ganze Ort einig. Sie aber erlebt es anders, äußert auch mir gegenüber, als wir uns auf dem Friedhof treffen: „Wenn ich doch nur mehr Verständnis für ihn gehabt hätte ..." Nach längerem Zuhören habe ich sie dann gefragt, ob sie sich ihre eigene Unvollkommenheit vergeben könne, ob sie sich vergeben könne, in dieser schwierigen Lebenssituation ein schwacher Mensch geblieben zu sein – mit eigenen Wünschen und Bedürfnissen, Launen und Unduldsamkeiten.

Die „Thronfolgeerzählung" erzählt auch, wie David sich verhalten hat, als er erfuhr, daß sein Kind gestorben ist (2 Sam 12):

(20) Da stand David von der Erde auf, wusch und salbte sich, zog andere Kleider an und ging in das Haus des Herrn, um anzubeten. Und als er wieder heimkam, hieß er Speise aufzutragen und aß.
(21) Da sprachen seine Diener zu ihm: Was hat das zu bedeuten, was du da tust? Als das Kind noch lebte, hast du gefastet und geweint, nun, da es gestorben ist, stehst du auf und ißt!
(22) Er antwortete: Als das Kind noch lebte, da habe ich gefastet und geweint, weil ich dachte: Wer weiß, vielleicht ist der Herr mir gnädig, und das Kind bleibt am Leben!
(23) Nun es aber tot ist, was soll ich da fasten? Kann ich es etwa zurückholen? Ich werde wohl zu ihm gehen, es aber kommt nie wieder zu mir.
(24) Und als David sein Weib Batseba getröstet hatte, ging er zu ihr hinein und schlief mit ihr. Und sie gebar einen Sohn, den hieß er Salomo; und der Herr liebte ihn.

„Kaltschnäuzig", werden Sie vielleicht denken – und: „Typisch Mann."
Sicherlich geht es der Erzählung darum, Davids berechnende Haltung Gott gegenüber darzustellen (die „Thronfolgeerzählung" will kein Ruhmesblatt des Königtums entwerfen!). Und sicherlich zeigt Davids Verhalten viel von männlichem Umgang mit Verlusterfahrungen.
Männer trauern oft anders als Frauen – aber deshalb noch

lange nicht weniger. Und doch scheitern viele Beziehungen nach dem Tod eines Kindes oder eines Elternteils immer noch an der spürbaren Hilflosigkeit vor allem der Männer, Gefühle ihrer eigenen Trauer auszusprechen und sich in die Gefühle der Trauer ihrer Partnerin einzufühlen.

Eine Zeitlang durfte ich ein Ehepaar begleiten, dessen Tochter mit fünfzehn Jahren gestorben war. Das Bedrückendste war dabei für mich vor allem, zu sehen, wie die Frau an der (wie es ihr schien) Fühllosigkeit ihres Mannes zu zerbrechen drohte. „Nun es aber tot ist, was soll ich da fasten? Kann ich es etwa zurückholen?" – das hätte auch ein Argument ihres Mannes sein können.

David tröstet Batseba – heißt es in der biblischen Erzählung: Aber es bleibt zu bezweifeln, daß der männliche Schriftsteller eine Vorstellung davon hat, was in solch einer Situation überhaupt trösten könnte. David jedenfalls kehrt zum Alltag zurück: Er schläft mit seiner Frau – bestimmt auch, weil er annimmt, eine erneute Schwangerschaft könne sie über den Verlust hinwegtrösten. Das entspricht allerdings nicht weiblicher Verlusterfahrung!

Dennoch: Was mir am Verhalten Davids als Impuls und Hilfe bei massiven Schuldgefühlen erscheint, ist das überraschend schnelle „Umschalten" von einer Haltung höchsten Engagements und stärkster Gefühle, versagt zu haben, zu einer Haltung der Ergebenheit, ja Akzeptanz der eingetretenen Situation. Der Erzähler scheint David ganz bewußt als einen Trauernden kennzeichnen zu wollen, dem es gelingt, die Gefühle von Schuld und Unterlassung zu verarbeiten oder zu verdrängen. Dabei bleibt es dem Leser überlassen, seinen plötzlichen Stimmungsumschwung als Verarbeitung oder Verdrängung zu interpretieren.

Gleichwohl kann es meine Phantasie anregen, was David zu diesem plötzlichen Stimmungsumschwung, zu dieser plötzlichen Bewältigung der Trauer – die ja selbst seine Diener in Erstaunen versetzt – bewegte. Ich stelle mir vor, daß Menschen, die ihre Schuldgefühle verarbeiten, sich klar und verstandesmäßig ins Bewußtsein rufen, was sie wirklich für den Menschen, um den sie trauern, getan haben. Mir hilft es immer, solche Dinge aufzuschreiben, um sie für mich sichtbar zu machen. Ich denke mir auch, daß ein solches Bewußtmachen dessen, was ich wirklich geleistet habe – und demgegenüber auch versäumt habe –, befreien kann. Vor allem muß ich in der Lage sein, mir selbst vergeben zu können, daß ich nicht vollkommen bin und auch in den Begegnungen mit dem Menschen, um den ich trauere, nicht vollkommen war.

Ich werde nicht vergessen, wie in meinem Studium einer unserer Professoren in der Vorlesung sagte, er habe heute oftmals ein besseres Verhältnis zu seinem verstorbenen, entgrenzten Vater als zu seiner noch lebenden Mutter. Ich habe den Zusammenhang der Vorlesung längst vergessen, aber dieser Satz ist mir nachgegangen. Vielleicht, weil mich fasziniert hat, wie lebendig dann wohl die Beziehung zu seinem verstorbenen Vater gewesen sein mag. Vielleicht auch, weil mich die Überlegung beschäftigte, ob man mit Toten nicht immer unproblematischer zusammenzuleben vermag als mit Lebenden? Ich weiß es nicht mehr. Mit den Jahren aber ist mir aufgegangen, daß die Menschen, die von uns gegangen sind, vielleicht wirklich viel mehr über die Nöte und Schwierigkeiten unseres Lebens wissen als diejenigen, die noch mit uns leben. Vielleicht blicken sie wirklich mit „entgrenzten" Augen auf unsere Schuldgefühle wie auf unsere Schuld.

Gedenkstein

Unser Grabstein erzählt
von uns zweien, die wir lange lebten,
im Leben und Sterben einander verbunden.
Unser Tod
hat ein Loch gerissen
ins Leben unserer Lieben,
aber auch in den Himmel …

Daß Christus, die Sonne,
unser neues Leben bescheint,
verkündet unser Grabstein,
und daß wir wie die Strahlen der Sonne
die Erde berühren,
auch morgen noch
– wenn ihr unser gedenkt …

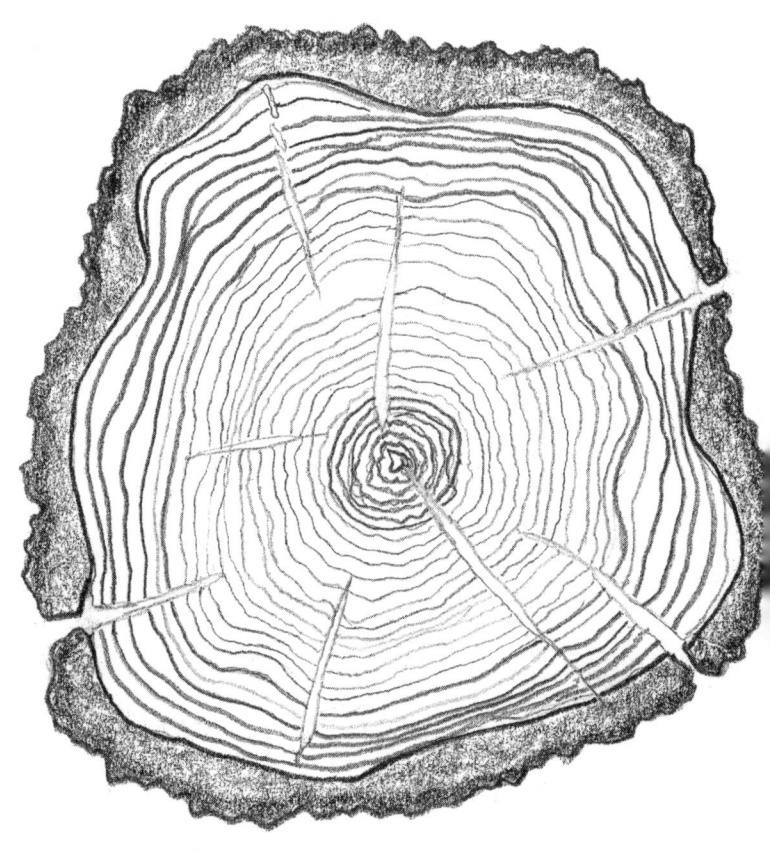

Lebensstufen

Mit dem Tod eines Menschen ist es wie mit einem Stein, der ins Wasser geworfen wird. Er löst in unserem Leben vielfältige Bewegungen aus. Ein Teil dieser Schwingungen sind unter Umständen Schuldgefühle. So erzählten Kinder ihrer Mutter, daß es ihnen ein schlechtes Gewissen mache, nicht mehr so oft an den verstorbenen Vater zu denken.

Diese gezeichnete Holzscheibe soll Sie einladen, den unterschiedlichen (Schuld-)Gefühlen nachzuspüren. Die Jahresringe der Holzscheibe erscheinen wie eine grafische Gestaltung des ins Wasser geworfenen Steins. Solche grafischen Formen werden heute als Mandalas dazu benutzt, zur Ruhe zu kommen, sich zu konzentrieren, sich mit sich selbst auseinanderzusetzen, eine Mitte zu finden …

Kopieren (und vergrößern) Sie diese Vorlage, um sie dann mit bunten Stiften auszumalen.

Beim ersten Mal kommt einem das ein bißchen vor wie das Ausmalen von Bilderbüchern in der Kindheit. Aber gerade das hat ja, wie Sie sich vielleicht erinnern, beruhigende Wirkung.

Die Struktur gibt Ihnen Räume und Grenzen vor, um Ihre unstrukturierten, unbegrenzten Gefühle ein wenig mehr zu ordnen. Auf diese Weise werden Sie Ruhe und eine neue Sicht Ihrer Gedanken und Gefühle gewinnen.

Sie können die Holzscheibe verschieden nutzen:

– Einfach nur ausmalen zu ruhiger Musik; das entspannt Sie und gibt Ihnen vielleicht auch wieder ein wenig Freude an Ihrer Kreativität.

– Nehmen Sie die Mitte als Ihre Beziehung, eine Stelle der Holzscheibe als Ihr Schuldgefühl – geben Sie als erstes diesen beiden Stellen eine Farbe. Versuchen Sie dann mit Farben die übrige Holzscheibe zu gestalten.

– Die Mitte als den Beginn Ihrer Beziehung zu dem Menschen, den Sie verloren haben, sehen. Die einzelnen Jahresringe können Sie als Lebensstufen betrachten, denen Sie unterschiedliche Farben geben. (Welche Farbe hatte die Zeit Ihres Kennenlernens? Welche Krisen haben Sie erlebt und gemeistert – welche Farbe hat die Krise zu Anfang und welche, wenn Sie sie gemeistert haben? usw.)

– Die Mitte als Beginn Ihrer Trauerzeit sehen. Was hat sich seitdem alles getan? Welche Farben geben Sie den verschiedenen Trauermomenten?

139

Mit Wunden leben lernen

Den Sinn auf das Neue lenken

Seit ein paar Jahren begleitet mich ein kleines Büchlein mit dem Titel „Der Atem. Eine Entscheidung". Es gehört in die Reihe der fünf autobiographischen Romane des am 16. Februar 1989 verstorbenen österreichischen Schriftstellers Thomas Bernhard.

Mit schonungsloser Freude am Detail entwirft Bernhard in diesem kleinen Roman das Bild einer Lungenheilanstalt, in die der junge Erzähler mit schwerer Erkrankung eingeliefert wird. Doch schon die ersten Beobachtungen des Kranken lassen ihn ahnen, daß es in dieser etwas seltsamen Klinik nicht um die Heilung der Kranken, sondern um deren langsame Beseitigung geht. „Ohne daß ich es bis zu diesem Zeitpunkt selbst hatte sehen können", teilt der Erzähler mit, „war mir doch klar gewesen, daß in dem Krankensaal nur solche Patienten untergebracht waren, von welchen man nichts als den Tod erwartete." Und tatsächlich – sobald die alles beherrschende Krankenschwester die Zeit für gekommen hält, schiebt sie die Kranken ins Badezimmer ab und wartet dort auf ihren baldigen Tod. „Was sich hier zeigte", faßt der Erzähler zusammen, „war nichts anderes als eine pausenlos und intensiv und rücksichtslos arbeitende Todesproduktionsstätte, die ununterbrochen neuen Rohstoff zugewiesen bekommen und verarbeitet hat ... Eines hatten alle in dieses Sterbezimmer Hereingekommenen ganz sicher gemeinsam: Sie wußten, daß sie aus diesem Sterbezimmer nicht mehr lebend hinauskommen würden."

In diese ausweglose Situation nun findet sich der Erzähler hineinversetzt. Doch anstatt darin unterzugehen, lehnt er sich gegen das fremdbestimmte Schicksal auf, entscheidet sich für das Leben – für *sein* Leben. „Solange ich in diesem Sterbezimmer gewesen war, hatte es keiner lebend verlassen. Ich war die Ausnahme", kann er am Ende sagen.

Zwar wird auch der Erzähler von der Krankenschwester ins Badezimmer abgeschoben. Doch er wird es lebend wieder verlassen, wird die Krankenschwester zwingen, ihn wieder hinauszubringen. Dabei ist das Rezept, das uns der Erzähler verrät, denkbar einfach: „... ich hatte mir vorgenommen, alles in diesem Sterbezimmer, also auch alles mir noch Bevorstehende, auszuhalten, um aus diesem Sterbezimmer wieder herauszukommen, und so hatte ich mit der Zeit einen mich ganz einfach von einem bestimmten Zeitpunkt an nicht mehr schädigenden, sondern belehrenden Mechanismus der Wahrnehmung in dem Sterbezimmer entwickelt. Ich durfte mich von den Objekten meiner Betrachtungen und Beobachtungen nicht mehr verletzen lassen."

Ich lese Thomas Bernhards autobiographischen Roman „Der Atem. Eine Entscheidung" als eine Erzählung, die Trauernden viel zu sagen hat. Wer trauert, fühlt sich sehr oft auch so, als sei er in ein Sterbezimmer hineingezerrt worden, aus dem es keinen Ausweg mehr gibt. Das ganze Leben, alles, was bislang Leben und Farben trug, ist plötzlich zu einem einzigen aussichtslosen Sterbezimmer geworden. Die Umwelt besteht nur mehr aus einer Reihe von Verletzungen, die mich tödlich zu treffen scheinen.

Der Erzähler versucht hier, seine Form der Überwindung einer kaum leistbaren Lebenssituation zu vermitteln. Deshalb vermag ich in seiner Erzählung ein Stück geronnene Lebenserfahrung zu sehen. Es kommt wohl auf einen Willensakt an, wollen wir die Trauer, die uns herunterzieht und uns das Leben scheinbar nehmen will, besiegen. Ja, es scheint darauf anzukommen, sich irgendwann vorzunehmen, „alles mir noch Bevorstehende" aushalten zu wollen und das eigene Leben zu wählen.

Eine solche Entscheidung kann tatsächlich über den Weg führen, den der Erzähler uns vorschlägt. Er hat sich bemüht, „mit der Zeit einen mich ganz einfach von einem bestimmten Zeitpunkt an nicht mehr schädigenden ... Mechanismus der Wahrnehmung in dem Sterbezimmer" zu entwickeln. Jedes Wort ist hier wichtig: „einen nicht mehr schädigenden Mechanismus der Wahrnehmung" zu entwickeln – das könnte tatsächlich eine Hilfe in der Trauer werden. Die Wahrnehmung des Verhaltens anderer sowie die Wahrnehmung der eigenen Lebenssituation so weit zu ändern, daß sie nicht mehr verletzend, nicht mehr schädigend erlebt wird. Ob es uns gelingt, unsere Optik so weit zu ändern, daß wir unsere Einsamkeit, unser leergewordenes Leben, unsere verletzte und amputierte Existenz anders wahrzunehmen lernen?

Der Erzähler bringt sein Überlebensprogramm so auf den Punkt: „Ich durfte mich von den Objekten meiner Betrachtungen und Beobachtungen nicht mehr verletzen lassen." Wenn Sie sich Ihrer Trauer zu sehr überlassen, wenn Sie nicht irgendwann Ihre „Betrachtungen und Beobachtungen" auf das Ihnen verbleibende eigene Leben richten, dann werden Sie das „Sterbezimmer Trauer" nicht mehr „lebend" verlassen – entweder werden Sie Ihrem Verstorbenen wirklich „nachsterben" oder Sie werden (was diesem physischen Tod ja immer vorausgeht) innerlich absterben, sich unendlich alt und eigentlich nicht mehr lebendig fühlen.

Es geht dieser kleinen Erzählung nicht darum, den Schmerz der Trauer zu verharmlosen oder dazu zu veranlassen, den Menschen, um den ich trauere, zu vergessen, vielmehr geht es darum, behutsam und doch unmißverständlich darauf hinzuweisen, daß es irgendwann auf dem Trauerweg nur noch eine klare Entscheidung zwischen Leben und Tod geben kann – keine Grauzone dazwischen. Der Erzähler formuliert diese notwendige Entscheidung so: „Ich mußte die sicher auf meinen Tod eingestellte Schwester zwingen, mich aus dem Badezimmer heraus- und in den Krankensaal zurückführen zu lassen, und also mußte ich weiteratmen. Hätte ich nur einen Augenblick in diesem meinem Willen nachgelassen, ich hätte keine einzige Stunde länger gelebt."

142

Die Entscheidung, was ich für mein Leben will, welche Richtung ich einschlage, welche Mächte ich zwingen will – darauf kommt es an. Wo mein Leben an einer Stelle zu Ende gehen kann, da kann es an einer anderen Stelle ebenso wieder aufbrechen, wenn ich mich nur dafür entscheide und Schritte in diese Richtung gehe.

Noch drastischer faßt der Erzähler seine Wahl zusammen: „Ich bestimmte, welchen der beiden möglichen Wege ich zu gehen hatte. Der Weg in den Tod wäre leicht gewesen. Genauso hat der Lebensweg den Vorteil der Selbstbestimmung. Ich habe nicht alles verloren, mir ist alles geblieben. Daran denke ich, will ich weiter."

Weiterwollen – das ist das zentrale Moment der biblischen Botschaft überhaupt. Der alttestamentliche Gott JHWH ist – wie einmal ein Theologe treffend gesagt hat – ein Gott der Wege und nicht der Standpunkte. Israels Geschichte mit seinem Gott JHWH ist letztlich nichts anderes als eine Weggeschichte.

In unserem Unterwegssein dürfen wir darauf vertrauen, daß Gott mit uns auf dem Weg ist: Er begleitet uns auch in der Krise.

Davon erzählt uns – so vermitteln tiefenpsychologisch orientierte Auslegungen – das biblische Buch Jona. Es handelt von einem Mann, dem Israeliten Jona, der von Gott den Auftrag erhält, sich auf den Weg in die heidnische, verderbte Großstadt Ninive zu machen und dort das Strafgericht anzudrohen. Der engstirnige Jona hält davon nichts: Die könnten ja umkehren, die Leute von Ninive, und dann würde sich Gott bestimmt erbarmen. Das paßt nicht zu seiner Einteilung der Welt in Gute und Schlechte, in Fromme und Heiden. Lieber davonlaufen als auf so einen Gott hören.

Die Parabel erzählt weiter, wie Jona von Gott doch noch dazu gebracht wird, den Auftrag auszuführen. Bei einem Sturm wird der Flüchtende von Matrosen als Opfer ins Meer geworfen, um Gott gnädig zu stimmen. Jona wird von einem Fisch verschlungen und nach drei Tagen an Land gespuckt.

Er landet schließlich in Ninive und predigt in der Stadt. Die Bewohner tun, wie erwartet, Buße und – Jona hat keine Lust mehr zu leben. (Nachzulesen im gleichnamigen Buch der Bibel!)

Vielleicht finden Sie sich in der Gestalt des Jona wieder.

In einem Gedicht hat jemand einmal sinngemäß und auf unser Thema hin gewendet geschrieben: „Ich war im Bauch des Fisches; er hat mich an Land gespien; ich bin lebendig, nicht sehr lebendig, aber ich lebe ...“

Die Krisenzeit der Trauer, die Sie erleben, das Ringen um neue Orientierung und Lebensenergie dauert Monate, manchmal Jahre. In biblischen Erzählungen (wie beispielsweise auch in Märchen) verdichten sich solche Erfahrungen auf einen oder ein paar Tage. Symbolisch werden Zeiten der Krise, der Neubesinnung, Wendezeiten mit drei Tagen (oder 40 Tagen) angezeigt. So auch in der Jona-Erzählung: Drei Tage dauert der Aufenthalt im Bauch des Fisches.

Die Erzählung beschreibt keinen Vorgang in Raum und Zeit. Sie will als Symbol für einen Wandlungsprozeß verstanden werden: Die Flucht, der Meeresturm, das Verschlingen durch einen großen Fisch, der dreitägige Aufenthalt im Bauch des Fisches, das Ausgespienwerden, der Rückfall sind Bilder für innerseelische Vorgänge.

Jona war dazu aufgefordert worden, nach Ninive zu gehen und der verderbten Stadt den Untergang anzusagen. Diese Aufgabe scheint ihm unlösbar, er fühlt sich restlos überfordert. Also entzieht er sich: Er flieht, statt nach Osten zu gehen, nach Westen.

Auch das ist eine Situation Trauernder: sich restlos überfordert zu fühlen. Die einen fliehen in Betriebsamkeit, stürzen sich in Arbeit, Arbeit, Arbeit – nur nicht zur Ruhe kommen, nur keine Pause machen. Andere werden zu übereifrigen Helferinnen, überversorgenden Großmüttern, unentbehrlichen Onkeln. Wieder andere suchen die Flucht ins Leben: Discobesuche, Reisen, Malen – nur nicht an den Toten und den Tod denken. Und schließlich gibt es auch die, die in das

144

Wunderreich des Inneren flüchten, für die die Oberwelt zum Schattendasein wird ... Es gibt zahlreiche Jona-Typen!
In dieser Situation gilt es, von dem Ungeheuer Trauer nicht endgültig verschlungen zu werden. Die Flucht rettet nicht, hilft nicht weiter: An der Trauer geht kein Weg vorbei! Mitten hindurch müssen wir zu neuem Leben finden.
Die Trauer ist unser Wal: Zeit des Rückzugs, der Einkehr bei mir, Zeit der Sinnfragen ...
Im Bauch des Fisches stirbt vieles von uns, wir sind neue Menschen, wenn uns das Leben wiedergewinnt.
Der Wal ist übrigens auch Symbol für das Geheimnis des Sterbens. In einem frühchristlichen Gebet heißt es: „Errette, o Herr, die Seele deines Dieners, wie du Jona aus dem Bauch des Fisches errettet hast!" In den Katakomben, frühen Begräbnisstätten, wurde dieses Motiv als gemaltes Gebet dargestellt: Das Verschlingen durch den Fisch bedeutete den Tod, das Ausspeien symbolisierte die Auferstehung. Vor diesem Hintergrund ist auch zu verstehen, daß die Ausspeiung des Jona auf einigen Grabsteinen dargestellt wurde. Im Tod geschieht – so verkündet das Jona-Motiv – Wandlung; und auch in unserer durch den Tod ausgelösten Lebenskrise geschieht Wandlung.
Geben Sie die Hoffnung darauf nicht auf!
Für diesen langwierigen Wandlungsprozeß wünschen wir Ihnen gute Wegbegleitung und heilsame Begegnungen.

Verwandelt, nicht genommen

Von weitem sieht er aus wie ein kleiner, gedrungener Mensch mit einer großen Kapuze: der Grabstein von Inka. Gerade einmal vierzehn Jahre alt ist sie geworden, da endete schon ihr kaum begonnener Weg. Was kann auf einem Grabstein über ein Kind gesagt werden, dem kaum die Möglichkeit einer eigenen Lebensgeschichte gegeben war?

Daß es die Sonne seiner Eltern war, wie der Blickfang der offenen, ausstrahlenden Durchbrechung des Steins augenfällig machen will. Daß es wie ein Schmetterling war, der die Welt und das Leben noch leicht und voller Hoffnung erkunden konnte. Daß es – wie jedes Kind – ein Regenbogen war, der zeigt, daß Gott die Lust und Liebe an dieser Welt noch nicht verloren hat.

Sonne, Schmetterling, Regenbogen – alle drei auch Zeichen und Symbole christlicher Hoffnung, daß mit dem Tod nicht alles aus, nicht alles zu Ende sein kann. Die Sonne als Zeichen für den auferstandenen Christus, für aufgehendes Leben will mir an Inkas Grab sagen: Die Lebensfreude, die hier untergegangen zu sein scheint, die ist nicht verloren, die wird nach langer Nacht um so lebendiger und strahlender an einem anderen Tag in einer anderen Welt hervorbrechen. Der Regenbogen, der schon im Alten Testament als Zeichen des Bundes Gottes mit den Menschen dient, will mir sagen: Gott hat mit Inka noch etwas vor, auch wenn ihr Grab darauf hindeutet, daß ihr Weg zu Ende, ihre Gestalt zerstört ist und ihre Hoffnungen begraben sind. Gottes Bund mit Inka ist nicht gekündigt – mag es auch noch so sehr danach aussehen. Der Schmetterling, der aus der Puppe der Raupe hervorgeht, ist seit ältesten Zeiten Symbol der Auferstehung und des sich verwandelnden Lebens. An Inkas Grab sagt mir der Schmetterling: Inka ist aus der Puppe ihres Körpers und ihrer sichtbaren Gegenwart in eine neue Form des Daseins „geschlüpft", die uns freilich fremd und unzugänglich bleiben wird, bis wir selbst in sie eintreten werden …

146

Trauermedikament

Wenn Sie schon einige Stationen Ihres Trauerweges zurückgelegt haben, kann es für Sie und für andere Trauernde, mit denen Sie zu tun haben, hilfreich sein, wenn Sie versuchen, ein „Rezept" für Trauernde zu verfassen.
Stellen Sie sich dazu bitte vor, es gäbe ein Medikament gegen Trauer und Sie könnten dieses Medikament in der Apotheke kaufen. Stellen Sie sich weiter vor, zu diesem Medikament gäbe es einen Beipackzettel. Was würde auf diesem Beipackzettel zu lesen sein?

• Zunächst der Name des Medikaments. Wie würden Sie *Ihr* Medikament nennen? – „Nie mehr traurig" vielleicht oder „Mut zum Alleinbleiben" oder „Kraft in dunklen Stunden" oder …?

• Dann die Inhaltsstoffe Ihres „Trauermedikaments". Woraus würde sich *Ihr* Medikament zusammensetzen? Aus „Mut" vielleicht, aus „Betätigungsfeldern", aus „vielen hilfreichen Kontakten mit guten Freunden", aus …?

• Sodann könnten Sie der Anwendungsweise *Ihres* Medikaments nachspüren. Wie oft würden Sie sich dieses Medikament verabreichen? „Dreimal täglich" oder „bei Bedarf" oder …

• Die Nebenwirkungen *Ihres* Trauermedikaments sollten Sie nicht ganz außer acht lassen. Hat die Einnahme dieses Medikaments möglicherweise unangenehme Begleiterscheinungen? Haben Sie den Eindruck, zuviel davon könne Sie müde machen oder zu sehr „aufdrehen"? Haben Sie das Gefühl, diese Arznei würde Sie in die Gefahr bringen, vielleicht nicht mehr ausreichend genug zu trauern? …

Sie können selber weitere Aspekte eines Beipackzettels zu *Ihrem* Trauermedikament bedenken. Tun Sie sich selber den

148

Gefallen, diese Aspekte auch aufzuschreiben. Sie werden sehen, daß Ihnen damit Momente Ihrer eigenen Trauerbewältigung sehr viel klarer vor Augen treten.

In einem Gesprächskreis kann es sehr spannend sein, die unterschiedlichen Medikamente, ihre Zusammensetzung, Risiken und Nebenwirkungen miteinander zu vergleichen. Sie werden sehen, daß auch hier nicht jedes Medikament, das, wenn es dem einen hilft, auch der anderen helfen muß ...

Wo ich stehe in meiner Trauer ...

Manchmal werden Sie denken, daß Sie auf Ihrem Trauerweg schon viel weiter sein müßten. Vielleicht werden Sie sogar ungeduldig mit sich selbst und möchten am liebsten schon über den Verlust hinweg sein.
Die folgenden Fragen können Ihnen vielleicht helfen, sich klarzumachen, wie „weit Sie sind". Dabei geht es vor allem darum, ein Gespür dafür zu bekommen, wie Sie Ihre gegenwärtige Situation, Ihr jetziges Trauergefühl in Worte fassen können.
Lassen Sie sich bitte einen Moment Zeit, und spüren Sie den Sätzen nach. Welcher bringt am ehesten Ihre augenblickliche Lage zum Ausdruck? Seien Sie ehrlich mit sich selbst; geben Sie verstandesmäßigen Einwänden gegen Ihre „erste" Antwort nicht sofort nach.

• Eigentlich komme ich im Alltag mit meiner Trauer ganz gut klar. Manchmal kommen natürlich Erinnerungen, aber damit kann ich gut umgehen.

• Ich bin durchgängig so traurig, daß ich keine Freude mehr in und an meinem Leben finden kann. Das wird wohl nicht besser werden, fürchte ich.

149

• Sicher, das Leben geht weiter, muß ja weitergehen. Aber trösten kann mich in meinem Schmerz trotzdem niemand.

• Ich glaube manchmal, daß ich mit dem Schmerz fertig werden kann. Aber oft habe ich das Gefühl, sehr müde und abgespannt zu sein. Darum möchte ich manchmal nur noch schlafen …

• Ein großer Trost sind für mich im Augenblick meine Freunde und auch meine Kinder. Aber in meinen einsamen Stunden können die mir auch nicht helfen.

• Das Schlimmste ist eigentlich nicht, daß ich jetzt allein fertig werden muß, sondern daß ich verrückt werde bei dem Gedanken, was ich alles noch hätte tun können. Vielleicht wäre es dann gar nicht so gekommen, wie es jetzt gekommen ist.

• Ich spüre manchmal, daß es eigentlich von Tag zu Tag besser wird, wenngleich sich natürlich die Wunde vermutlich niemals schließen wird.

• Was ich im Augenblick erlebe, ist ein absolutes Chaos. Alle möglichen Gefühle gehen wild durcheinander: Trauer, Freude, Weinen, Lachen. Ich weiß auch nicht, was mit mir los ist.

• Traurig bin ich eigentlich nicht mehr. Aber ich habe Kopfschmerzen, kann nicht mehr recht schlafen und fühle mich oft sehr krank.

• Ich bin oft richtig wütend, daß mein Partner/meine Partnerin/mein Verstorbener mich verlassen hat. Aber dann habe ich auch wieder ein ganz schlechtes Gewissen wegen dieses Gefühls.

- Manchmal würde ich gern wieder mal ins Kino oder ins Theater gehen, würde mal wieder auf eine Feier gehen oder so – aber dann traue ich mich nicht, denke, daß das nicht paßt, und bleibe dann doch einsam zu Hause.

- … (Raum für eigene Sprechversuche)

- …

Nachwort

„Tod und Auferstehung" – wie leicht gehen uns diese Worte über die Lippen. So lange, bis eines Tages der Tod in den Bereich unseres eigenen Lebens einbricht, bis wir einen lieben Menschen an ihn verlieren. Wir werden zurück- und alleingelassen. „Warum?" – diese Frage wird uns zur ständigen Begleiterin. Gefühle von Traurigkeit, Schmerz und Verlust werden zum allgegenwärtigen und für einige Zeit bestimmenden Inhalt unseres Lebens. Sie verschleiern das Bewußtsein für die Gegenwart und Zukunft, weil sich mit jedem Tag die vermeintliche Sinnlosigkeit des Lebens neu ins Bewußtsein drängt.

In solchen Momenten finden Christen – wenn sie noch aus ihrem Glauben heraus zu leben verstehen – Kraft in der Hoffnung auf ein Leben, das mit dem Tod nicht sein Ende findet.

Aber nicht nur Christen, sondern auch diejenigen, die nicht im christlichen Glauben verwurzelt sind, erfüllt die Sehnsucht nach einem Leben ohne Ende. Dieses Hoffnungs- und Glaubensband zieht sich in unterschiedlichster Weise durch die einzelnen Zeitepochen und Kulturen.

In unserer Kultur, die noch sehr stark vom Christentum geprägt ist, entstand der Gedanke: „Der Mensch lebt, um zu sterben, und er stirbt, um zu leben." Aber es gibt auch andere Sichtweisen. Eine davon sagt etwa, daß nur der tot ist, der vergessen wurde. Aufgrund dessen setzen Menschen, seit sie sich ihres Menschseins bewußt wurden, Zeichen an den Stellen, wo sie einen Toten der Erde zurückgegeben haben, aus der er – nach Auffassung vieler Religionen – gebildet wurde.

Es entwickelte sich nach und nach – von den Hünengräbern bis zu den Pyramiden – eine Kultur des Umgangs mit dem Tod, ein Totenkult. Im Laufe dieser Entwicklung änderten auch die Grabzeichen ihre Funktion. Es kam ihnen nicht

153

mehr nur die Rolle zu, einen Begräbnisplatz anzuzeigen, sondern auch etwas über den dort begrabenen Menschen auszusagen, Momente seines Lebens gegenwärtig werden zu lassen.

Je höher entwickelt die Kultur, desto mehr versuchen Menschen, in Wort, Bild oder Symbolen etwas vom Wesen(tlichen) des Toten, von seiner einmaligen Persönlichkeit auszudrücken und weiterleben zu lassen.

Etwas von der Unverwechselbarkeit dieses Menschen soll in seinem ebenso unverwechselbaren Grabzeichen deutlich werden – und zwar sowohl in der Form dieses Zeichens als auch in den darauf verwandten Zeichen und Symbolen, ja sogar in der Auswahl der Schrift. Dabei können es Zeichen der Hoffnung ebenso sein, die hier sprechen, wie Zeichen der Traurigkeit, der Klage und Resignation.

Wie der Gläubige neben dem Ungläubigen, der Erfolgreiche neben dem Erfolglosen, der Arme neben dem Reichen, der Liebende neben dem Hasser seine letzte Ruhestätte gefunden hat, so können auch die Zeichen für deren Begräbnisorte nicht gleich sein, sondern müssen etwas von der Verschiedenartigkeit der Menschen widerspiegeln, deren Andenken nachzuspüren der Besucher dieser Grabstätte doch eingeladen ist. Nur eines sollten diese Zeichen gemeinsam haben: Sie sollten eine ehrliche Aussage über den Menschen treffen, für den sie stehen.

Gräber schweigen – Grabzeichen aber können etwas aussagen, können Gedanken anstoßen, Fragen stellen. Leider sind heute sehr viele Grabzeichen eher wortkarg. Sie lassen uns oftmals gerade einmal wissen, wie der Mensch, der hier ruht, hieß und wann er lebte, mehr nicht.

Haben wir nicht auch so etwas wie eine Pflicht, den Menschen etwas über unsere Verstorbenen zu sagen; über ihren Lebensweg, ihre Beschäftigung zu Lebzeiten, ihre Träume und Ideale? Nie wurde mehr gesprochen und geschrieben als in unserer Zeit – über die Toten aber bleiben wir seltsam stumm! Dabei lassen sich mit wenigen Worten, Zeichen und

Symbolen und einer bewußten Gestaltung der Grabzeichen (seien sie aus Stein, Holz oder Metall) Erinnerungen an sie wachhalten – für uns, unsere Kinder und Kindeskinder, für alle, denen fremde Schicksale nicht gleichgültig sind.

So individuell jeder Mensch ist, so individuell sollte dementsprechend auch das Grabzeichen für diesen Menschen sein. Hier können und müssen die Angehörigen eines Verstorbenen sich ihrer Verantwortung bewußt werden – aber sie sind dabei auf die Mithilfe von Bildhauern und Steinmetzen angewiesen.

Deren Fähigkeit sollte darin bestehen, die trauernden Angehörigen zu beraten und ihnen bei der Gestaltung ihres Grabmals behilflich zu sein. Diese Beratung sollte nicht aus kommerziellen, sondern vor allem aus mitmenschlichen Gründen selbstverständlich sein.

Die diesem Buch beigefügten Fotos der Grabskulpturen, die alle in meinem Atelier im Baumberger-Sandstein-Museum in Havixbeck – oft nach mehreren langen Gesprächen mit Angehörigen – entstanden sind, sind nur einige Beispiele dafür, wie solche sehr individuellen Grabzeichen aussehen können.

Mein Ideal ist, meine Tätigkeit als Handwerker und Künstler als Berufung zu verstehen. Doch ich bin – Gott sei Dank! – nicht der einzige. Es gibt immer mehr Kollegen, die ihre Fähigkeit als Verantwortung verstehen, die Trauernden bei ihren Gedanken eines individuell auf den Verstorbenen abgestimmten Grabzeichens zu unterstützen.

Falls ein Steinmetz nicht von sich aus sofort auf diese Möglichkeit hinweist, sollten Sie immer darauf drängen.

Sicherlich spielt die finanzielle Situation bei einer Beerdigung eine nicht zu unterschätzende Rolle. Meine Erfahrung hat aber gezeigt, daß die individuelle Gestaltung eines Grabzeichens nicht wesentlich teurer sein muß als viele industriell gefertigte Grabmale, die keine individuellen Züge tragen.

Für Fragen jeglicher Art bezüglich der Grabzeichengestal-

155

tung stehe ich Ihnen gern zur Verfügung. Sicherlich kann ich Ihnen auch, falls Sie keinen Steinmetzen oder Bildhauer in Ihrer Umgebung kennen, mit entsprechenden Hinweisen weiterhelfen. Gerne können Sie mich auch in meinem Atelier am Baumberger-Sandstein-Museum besuchen (Montag bis Freitag von 10 bis 18 Uhr und nach Vereinbarung) und diesen Besuch mit einem Spaziergang über den Havixbecker Friedhof verbinden. Dieser Friedhof gilt in Deutschland als einer der schönsten und ist bei Steinmetzen, Bildhauern und Friedhofsgärtnern im gesamten europäischen Ausland bekannt. Bei Interesse sind auch geführte Besuche des Friedhofs möglich.

Wilfried Pinsdorf

Plastiker + Bildhauer
Wilfried Pinsdorf
ARTELIER – am Sandstein-Museum
Gennerich 9
48 329 Havixbeck
Tel. / Fax: 02 507/4412

Literaturtips – eine kleine Auswahl

Akner, L. F. / Whitney, C., Abschiednehmen von den Eltern. Über den Umgang mit Tod und Trauer, München 1994.

Bahr, H. E. / Kast, V., Lieben. Loslassen und sich verbinden, Stuttgart, 6. Aufl. 1991.

Böhle, S., Damit die Trauer Worte findet. Gespräche mit Zurückbleibenden nach einem Suizid, München 1992.

Brocher, T., Wenn Kinder trauern. Wie Eltern helfen können, Reinbek 1993.

Brunnhuber, U., Die Zeit des Weißdorns. Den Rhythmus der Trauer durchschreiten, Freiburg 1992.

Craven, M., Ich hörte die Eule, sie rief meinen Namen, Reinbek 1985.

Donelly, E., Servus Opa, sagte ich leise, München 1984.

Giudice, L., Ohne meinen Mann. Aufzeichnungen einer Witwe, Stuttgart, 12. Aufl. 1992.

Härtling, P., Herzwand. Mein Roman, München 1995.

Häsing, H. / Mues, I. (Hrsg.), Du gehst fort und ich bleib da. Gedichte und Geschichten von Abschied und Trennung, Frankfurt 1989.

Jerneizig, R. / Schubert, U., Der letzte Abschied. Ratgeber für Trauernde, Göttingen 1991.

Kast, V., Trauern. Phasen und Chancen des psychischen Prozesses, Stuttgart 1982.

Käsler, H., Mit der Trauer leben, München 1993.

Koch, W. (Hrsg.), Vom Tod. Ein Lesebuch für Jedermann, Frankfurt 1987.

Lamp, I., So alt ihr auch werdet. Biblische Perspektiven fürs Älterwerden, Kevelaer 1994.

Lander, H.-M. / Zohner, M.-R., Trauer und Abschied. Rituale und Tanz für die Arbeit mit Gruppen, München 1992.

Lohner, M., Plötzlich allein. Frauen nach dem Tod des Partners, Frankfurt 1992.

Meurer, Th., Trauernde trösten – aber wie?, in: Geist und Leben 67 (1994) H. 5, 373–379.

Meurer, Th., Verstehen, was Trauernde sagen wollen, in: Lebendige Seelsorge 45 (1994) H. 3/4, 199–203.

Miquel, A., Warum mußt du gehen? Tagebuch eines Vaters, Freiburg – Basel – Wien 1973.

Möde, E., Lachen und Weinen hat seine Zeit. Wege zur Leidensbewältigung und Lebensfindung, Würzburg 1996.

Nouwen, H. J. M., Sterben um zu leben. Abschied von meiner Mutter, Freiburg – Basel – Wien, 4. Aufl. 1983.

Philipe, A., Nur einen Seufzer lang, Reinbek 1964.

Philipe, A., Morgenstunden des Lebens, Reinbek 1968.

Weiss, P., Abschied von den Eltern, Frankfurt 1992.

Wellershof, D., Blick auf einen fernen Berg, Köln 1991.

Wohmann, G., Bitte nicht sterben, München – Zürich 1993.

Wohmann, G., Aber das war noch nicht das Schlimmste, München 1995.

Wolf, D., Einen geliebten Menschen verlieren. Vom schmerzlichen Umgang mit der Trauer, München 1992.

Wynands-Schüller, M., Wo ist meine Oma jetzt? Mit Kindern über Sterben und Tod reden, Bausteine Kindergarten und Grundschule (Sonderheft unter Mitarbeit von Th. Meurer, S. Heil und H. Brands-Schlusche), Bergmoser & Höller Verlag, Aachen 1996.

Zachert, Ch. und I., Wir sehen uns wieder in meinem Paradies, Bergisch Gladbach 1993.

Zink, J., Trauer hat heilende Kraft, Stuttgart, 10. Aufl. 1992.

Zink, J., Ein paar Schritte an Ihrer Seite. Ein Wort für Trauernde, Stuttgart, 11. Aufl. 1989.

Quellennachweis

Das Copyright für die Gedichte Seite 23, 57, 74, 129 und 136 liegt bei Ida Lamp, Düsseldorf.

Foto Seite 2 von Hiltrud Schäfer, Osnabrück
Fotos Seite 22, 37, 56, 75, 95, 105, 115, 128, 137 und 147 von Thomas Meurer, Münster
Trauermandala Seite 59 von Erwin Meurer, Olpe
Abbildung Seite 138: Holzscheibe von Barbara Horn, Ahrweiler – Kopiererlaubnis nur für den eigenen Bedarf der Leserin/des Lesers

Die folgenden Bibelzitate wurden entnommen der Heiligen Schrift des Alten und Neuen Testaments, 1931/1955. © Genossenschaft Verlag der Zürcher Bibel:
Koh 3,19–22; 2 Sam 19,1–9; Jer 16,5–7; Gen 37,34–35; 2 Kön 2,8–13; 2 Sam 12,20–24.

Die folgenden Bibelzitate wurden entnommen der Einheitsübersetzung der Heiligen Schrift, © 1980 Katholische Bibelanstalt, Stuttgart:
Ps 90,10; Ps 103,15–16; Ps 39,5–8; 2 Sam 19,35–36.38; Ijob 21,7–9.12–13.23.25–26; Ijob 19,25–27; 2 Sam 1,1–4.11–12.17–27; Ps 88,2–19; Sir 38,16–23; 1 Sam 28,3–25.